L'ÉCOLE AUTREMENT

Cet ouvrage est conforme à la nouvelle orthographe
www.orthographe-recommandee.info

ISBN : 978-7256-3675-7

Mon tour du monde
des pédagogies alternatives

Émile Le Menn

L'ÉCOLE AUTREMENT

Illustration de couverture : Marc Majewski

RETZ
editions-retz.com

Sommaire

Chapitre II : Une école ouverte sur le monde

Chapitre III : Une école du vivre-ensemble et de la coopération

Chapitre IV : Une école du bienêtre

Chapitre V : Une école démocratique

« All great civilizations have been founded on the teachers. »[1]

Jiddu Krishnamurti

« Et sur les indications du diable, on créa l'école.
L'enfant aime la nature : on le parqua dans des salles closes.
L'enfant aime voir son activité servir à quelque chose :
on fit en sorte qu'elle n'eût aucun but.
Il aime bouger : on l'obligea à se tenir immobile.
Il aime manier des objets : on le mit en contact avec des idées.
Il aime se servir de ses mains : on ne mit en jeu que son cerveau.
Il aime parler : on le contraignit au silence.
Il voudrait raisonner : on le fit mémoriser.
Il voudrait chercher la science : on la lui servit toute faite.
Il voudrait s'enthousiasmer : on inventa les punitions.
[...] Alors les enfants apprirent
ce qu'ils n'auraient jamais appris sans cela.

Ils surent dissimuler, ils surent tricher, ils surent mentir. »[2]

Adolphe Ferrière

Introduction

En 2016, alors animateur et étudiant en sciences de l'éducation, je m'envolais pour un voyage de sept mois qui allait m'amener à explorer 18 établissements, de l'élémentaire au lycée, en Allemagne, en Autriche, en Norvège, en Finlande, en Angleterre, en Nouvelle-Zélande, mais aussi au Canada et aux Émirats arabes unis.

Lors de ce voyage, j'ai tenté de comprendre comment fonctionnent, en pratique, les écoles inspirées par la pensée de pédagogues et de penseurs tels que Steiner, Montessori, Neill, Freinet, Krishnamurti, Greenberg, Dewey, Arrowsmith, Atwell, Stern… Par curiosité, je me suis intéressé aussi bien aux établissements qui se revendiquent d'un pédagogue en particulier qu'à ceux qui refusent toute affiliation à une méthode pédagogique spécifique.

Parti avec l'envie de nourrir ma propre réflexion sur le métier d'enseignant, auquel je me destinais, j'ai rapidement décidé de faire profiter de mes découvertes un public plus large. D'abord par le biais d'un blog[3], puis, à mon retour, au travers de conférences et d'interventions dans des écoles primaires d'Ile-de-France.[4]

Au cours de mon voyage, je me suis rendu compte que les écoles que je découvrais mobilisaient des concepts parfois très similaires. Alors, dans cet ouvrage, plutôt que de présenter les méthodes pédagogiques pratiquées dans chaque école de manière exhaustive et quasi encyclopédique, je propose une réflexion sur le sens de l'école et l'intérêt des pédagogies alternatives, ainsi que 20 idées inspirantes rassemblant des éléments observés dans des écoles différentes. Pour améliorer sa pratique en tant qu'enseignant, animateur, éducateur ou autre acteur de l'éducation, ou tout simplement pour changer son regard sur l'école. **Pour une école qui forme des individus épanouis, passionnés, résilients et capables d'apprendre et d'agir de manière autonome**.

Certains trouveront sans doute à ce livre des aspects pamphlétaires. Mais, à moins d'écrire une encyclopédie des pédagogies, comme il en existe déjà beaucoup, sans aucune prise de position, tout écrit défendant l'idée d'une « école autrement » ne peut faire consensus et prête forcément à la polémique. Même les écoles alternatives passeront au crible de mes critiques. En effet, ce livre ne consiste en rien en une louange béate de ces établissements. N'ayant moi-même jamais été engagé dans un mouvement alternatif en particulier, j'ai la chance d'avoir une grande liberté de parole. Le fait que je sois enthousiaste devant toute nouvelle découverte susceptible de faire avancer les choses ne m'empêche pas d'exercer ma libre pensée.

J'ai fondé toutes les idées développées ici non seulement sur mes observations et mon ressenti d'enseignant, de voyageur, d'observateur – forcément subjectif –, mais aussi sur un grand nombre de lectures variées, d'études scientifiques et de sources statistiques. Le lecteur pourra trouver les sources de mes propos dans les notes de fin d'ouvrage.

Il est inévitable que certains lecteurs se sentent à un moment ou à un autre personnellement interpellés. Moi-même, durant mon voyage, j'ai été amené à **invalider la plupart des idées que j'avais sur les pédagogies alternatives et l'éducation en général,** ce qui fut assez inconfortable.

Pour autant, j'espère que chacun pourra trouver dans cet ouvrage suffisamment de raisons pour s'interroger, **remettre en question quelques-unes de ses convictions** au sujet de l'école et avancer dans sa réflexion afin de contribuer à améliorer l'éducation.

Mon tour du monde, s'il m'a permis de découvrir un large éventail de pratiques fort différentes de celles que nous connaissons en France, est pour autant très loin d'être terminé. Parce qu'on ne cesse jamais d'apprendre ni de réfléchir, je continue à voyager et à rencontrer enseignants et éducateurs, en France et à l'étranger.

Et comme on n'évolue qu'en confrontant ses idées à celles d'autrui, j'invite les lecteurs à m'adresser leurs commentaires, propositions et réflexions via mon blog :
www.tourdumondedespedagogies.com

Partie 1

Le rôle de l'école

Avant tout, je ne peux faire l'impasse sur les évènements qui menèrent à ma réflexion au sujet de l'éducation, et donc au projet de tour du monde des écoles alternatives et innovantes dont j'essaye, en tant que professeur des écoles, d'appliquer les enseignements.

Enfant, puis adolescent, je m'ennuyais souvent en classe, subissant des heures de cours qui ne trouvaient en moi aucun écho. Entre six et dix heures par jour, des adultes me dictaient ce que je devais apprendre, quand, où, comment, et même dans quelle position. Je m'étais accommodé à contre-cœur de toutes ces contraintes scolaires. Tout ce que je comprenais à l'époque, c'était que pour réussir, il fallait que j'aie de bonnes notes. Mon bonheur présent et futur semblait devoir dépendre de mes performances scolaires en français, mathématiques, histoire, sciences économiques et sociales… Ayant bien intériorisé cette information, j'étais même parvenu, après divers atermoiements, à exceller dans ce système, au prix d'une frustration et d'un malêtre certains.

Pour autant, malgré ma grande insatisfaction, conditionné à vouloir « réussir » au sein du système, je m'engageai dans des études qui n'avaient rien de révolutionnaire. Je m'orientai vers le droit international et la diplomatie, par pure ambition et sans idée vraiment concrète de ce que je visais.

Quelques années plus tard, en parallèle de mes études et alors que je vivais mes premières désillusions vis-à-vis de la glorieuse carrière à laquelle je me destinais, je commençai à travailler avec des enfants. Là naquirent mes premières vraies interrogations sur le système éducatif que je connaissais.

En effet, après avoir œuvré dans divers établissements avec des adolescents et des enfants comme éducateur en Allemagne puis comme animateur en banlieue parisienne et au Monténégro, je constatais qu'en France, mes collègues et moi-même nous comportions souvent bien plus comme des geôliers dominants que comme des adultes réellement intéressés par les élèves en tant qu'individus. J'avais le sentiment que notre envie d'offrir le meilleur avenir possible aux enfants se faisait paradoxalement au détriment de leur bonheur présent mais aussi de leur épanouissement futur.

Je trouvai alors beaucoup à redire à nos écoles françaises : l'absence de lien avec la nature, l'impossibilité de se mouvoir librement et amplement, la distance entre adultes et élèves, les classes trop petites, la peur de toute prise de risque, la distance entre les institutions et les parents…

Mais ce qui me remit le plus en cause personnellement, c'est le simple fait – presque anecdotique sans doute pour certains – que, quelle que soit l'activité que je proposais aux enfants, il y avait systématiquement des jeunes pour y être réfractaires. Et ce alors même que nous avions de bons rapports et que je faisais de mon mieux pour proposer des travaux que je croyais intéressants ! Alors, habitué à ce que les élèves soient contraints de faire ce qu'un adulte estime être bon pour eux, en alternant palabres et réprimandes, je tentais d'amener les jeunes à obtempérer. Tout cela était épuisant et frustrant, aussi bien pour les enfants que pour moi-même. Et pour quels résultats… : des activités bâclées, des rapports détériorés, des apprentissages très limités.

Face à la naissance discrète de mes **premières remises en question**, révolté par les dysfonctionnements systémiques que je percevais, avide d'améliorer les choses, je trouvai alors ma réelle vocation : Je serai professeur des écoles ! Là n'était bien sûr pas ma seule motivation pour m'engager dans ce métier : maintes fois, j'avais eu l'occasion de constater que j'aimais travailler avec un jeune public, et j'avais toujours considéré l'éducation comme l'un des leviers principaux du changement de société. Je ne pouvais donc me fourvoyer en faisant ce choix de carrière pour un sujet qui me passionnait.

J'étais sûr alors d'une chose : Le système éducatif dans lequel j'avais grandi et au sein duquel je travaillais désormais niait trop souvent l'individu, tout en prétextant développer son esprit critique et le mener à son émancipation par le savoir.

Je m'interrogeais alors : Quelles étaient les caractéristiques de ce système éducatif traditionnel et surtout quelles étaient les alternatives ? Je découvrais dans mes lectures de nouveaux horizons insoupçonnés. En fréquentant des penseurs de la pédagogie aussi divers qu'Érasme, Tolstoï, Comenius, Cousinet, Illich, Freinet ou Makarenko, **je comprenais que chaque méthode pédagogique mise en place concrètement dépendait entièrement de l'objectif final qu'attribuaient ses défenseurs à l'école, mais aussi de leur vision du monde** et même plus généralement du sens qu'ils donnaient à la vie. La méthode « traditionnelle » n'y faisait pas exception. Alors, avant d'exposer les enseignements de mon voyage, il me faut clarifier ce que je désigne dans ce livre comme « le système éducatif traditionnel », auquel j'oppose les pédagogies dites « alternatives ». « Alternatives », car elles s'érigent à l'encontre de ce système et des valeurs qu'il implique, avec une vision du monde, de la vie et de l'éducation différente.

Qu'est-ce que la « pédagogie traditionnelle » ?

Si certains considèrent que « l'école traditionnelle » ne serait qu'une chimère[5], il n'en reste pas moins que son portrait a été dressé par nombre de chercheurs.

Pour Jean Houssaye, expert en histoire de l'éducation, la pédagogie traditionnelle peut ainsi se définir par sept caractéristiques :

- centralité du maitre ;
- impersonnalité de la relation ;
- asymétrie stricte ;
- transmission d'un savoir coupé de la vie ;
- idéal éducatif très normé ;
- dispositif bureaucratique ;
- et enfin modèle charismatique.[6]

Le chercheur Michel Fabre ajoute que dans cette pédagogie, « *l'ostension des savoirs dans le cours magistral se déguise en cours dialogué [...]. Le modèle interrogatif constitue aujourd'hui la forme dominante de l'enseignement* ».[7]

Par l'expression « pédagogie traditionnelle », j'entends donc une classe où tous les élèves – en général du même âge – sont assis à leur bureau à écouter l'enseignant, à répondre à

ses questions et à prendre des notes, s'interrompant parfois pour résoudre des exercices standardisés sur un manuel. Les interactions entre élèves durant le cours sont limitées, voire interdites. Les mêmes connaissances et compétences doivent être intégrées par tous, au même moment, et sont principalement limitées à des savoirs académiques[8]. Les disciplines manuelles, artistiques et sportives jouent un rôle secondaire dans l'emploi du temps et dans les coefficients. Les élèves sont systématiquement notés et évalués afin d'être orientés en fonction de ces résultats dans des structures « adaptées à leur profil » (en France, ULIS et SEGPA avant la 3e, filières professionnelle, technologique et générale au lycée). C'est l'institution qui décide du contenu des enseignements délivrés par les enseignants aux élèves. En France, cela se fait à travers les programmes et le socle commun de connaissances, de compétences et de culture, qui désigne ce qui doit être su par tous les jeunes au terme de chacun des quatre cycles de la scolarité obligatoire.

Les objectifs déclarés de la pédagogie traditionnelle semblent nobles : il faut donner à tous les élèves une « *culture commune, fondée sur les connaissances et compétences indispensables, qui leur permettra de s'épanouir personnellement, de développer leur sociabilité, de réussir la suite de leur parcours de formation, de s'insérer dans la société où ils vivront et de participer, comme citoyens, à son évolution* », pour reprendre les mots du socle commun[9].

Pourtant, la mise en œuvre pratique de cette pédagogie ne diffère guère des méthodes développées par saint Jean-Baptiste de La Salle, prêtre né en 1651, qui fit triompher l'enseignement frontal simultané par niveau dans l'enseignement primaire, à une époque où les enseignants s'occupaient individuellement de leurs – riches – élèves. Dans ce modèle, le maitre, détenteur de la connaissance et des valeurs, sait ce qu'il est bon d'apprendre, et va l'enseigner à tous de la même manière, au même moment.

Déjà, en 1722, dans *La Conduite des écoles chrétiennes*, on pouvait lire : « *Tous les écoliers de chaque leçon auront un même livre et une même leçon ; on fera toujours lire les moins avancés les premiers. [...] Le maitre veillera avec un très grand soin à ce que tous lisent bas ce que le lecteur lira haut, et fera de temps en temps dire à quelqu'un quelque mots en passant pour le surprendre et reconnaitre s'il suit effectivement, et, s'il ne suit pas, le maitre lui imposera quelque pénitence ou correction; si même il en remarque quelques-uns qui n'aiment pas suivre ou qui s'en dispensent plus facilement, il prendra à tâche de les faire lire les derniers et même à plusieurs reprises, peu chaque fois, afin que les autres aient aussi le temps de lire.* »[10] Quand on lit ce passage imprégné de la pédagogie de saint Jean-Baptiste de La Salle, on ne peut que constater que **si l'école s'est, certes, laïcisée et démocratisée, on y enseigne toujours comme au temps des Frères des écoles chrétiennes. Des réformes pédagogiques ont eu lieu, mais à la marge.** Elles ressemblent plus à de la poudre aux yeux qu'à une refonte profonde du système. Ainsi en est-il par exemple de l'introduction des nouvelles technologies à l'école, qui serait un gage de renouveau pédagogique. Pourtant, modernité technique ne veulent pas nécessairement dire modernité pédagogique. En réalité, comme cela a été démontré par de nombreuses études, il ne suffit pas de mettre les enfants devant un ordinateur ou une tablette pour prétendre enseigner différemment. En pratique, il a été constaté que quasiment tous les enseignants qui utilisent les nouvelles technologies en classe le font d'une manière qui ne change rien au mode d'enseignement traditionnel. Ils s'en servent en effet pour délivrer le contenu des programmes de manière frontale et très normée, comme ils le feraient avec un manuel.[11]

Enseigner simultanément le même savoir à tous reste le principe fondamental de la pratique scolaire traditionnelle, malgré de bien faibles tentatives pour introduire à l'école une certaine dose de « différenciation », de démocratie et de pédagogie par projets.[12]

L'école traditionnelle face à ses contradictions

« *C'est un mythe de croire que l'école est neutre, qu'elle ne transmet que des techniques et des connaissances objectives.* »[13]

Les méthodes mises en œuvre en pédagogie traditionnelle impliquent certaines valeurs, un objectif sociétal et une vision du monde qui sont loin d'être explicites. Comme je le détaille ci-après, il y a un gouffre entre ce qui est clamé, et même décrété à l'article L111-1 du Code de l'éducation – égalité des chances, réussite pour tous, mixité sociale, coopération entre élèves, respect de l'égale dignité des êtres humains, de la liberté de conscience et de la laïcité – et les finalités réelles et pas forcément très avouables de l'école traditionnelle.

On peut observer au moins deux finalités plus ou moins implicites à ce modèle éducatif, lourdes de conséquences…

Légitimer les inégalités sociales sur la base d'un mythe : la méritocratie

Selon un rapport publié en septembre 2016 par le Commissariat général à la stratégie et à la prospective[14], institution rattachée à Matignon, la première finalité – non explicite – de l'école traditionnelle serait de « *gérer la concurrence entre les élèves et les trier selon leur mérite, autrement dit selon leur capacité à tirer leur épingle d'un jeu scolaire organisé de la façon la plus impartiale qui soit* ». Il s'agit donc de faire en sorte que les jeunes, à l'issue d'une formation uniformisée, soient passés au crible de tests standardisés qui permettent de déterminer ceux qui feront partie de l'élite sociale – la réussite sociale dépendant quasi exclusivement de la réussite scolaire. Tous les élèves ayant reçu la même instruction, donc théoriquement les mêmes opportunités au départ, ceux qui s'en sortiront le mieux ne pourront être que les plus méritants. Les vaincus du système n'auront alors qu'à s'en prendre à eux-mêmes. Ainsi, les inégalités sociales peuvent-elles être fondées sur un principe qui fait consensus, celui de « l'égalité des chances ».[15]

Or, « **l'égalité des chances** » **n'existe absolument pas**. Comme l'a démontré notamment le Cnesco (Conseil national d'évaluation du système scolaire), l'école républicaine est « ultrareproductrice ». Elle entérine le déterminisme plutôt qu'elle n'en limite l'influence.[16] Elle ne suffit pas à compenser les écarts entre les familles qui maitrisent ou non les codes du système scolaire permettant de réussir.

En effet, **plus de 20 % des enfants dont les parents sont sans emploi et 10 % des enfants d'ouvriers ont déjà redoublé avant d'entrer en 6e, contre seulement 3 % des enfants de cadres.** Pire, 90 % des élèves scolarisés en Segpa (classes adaptées aux élèves en difficulté) ont des parents ouvriers, employés ou inactifs.[17]

On retrouve ces déterminismes exacerbés au lycée : en 2014, 76 % des bacheliers enfants de cadres et professions intellectuelles supérieures ont obtenu un bac général, et seulement 10 % un bac professionnel. À l'inverse, 45 % des bacheliers enfants d'ouvriers ont obtenu un bac professionnel. Et c'est au niveau du supérieur que la reproduction sociale est la plus flagrante : **alors que les cadres représentent moins de 20 % de la population active, plus de la moitié des élèves des classes préparatoires sont des enfants de cadres – et à peine 7 % d'ouvriers (5 % en médecine)**. À l'ENA, en 2015, 68,8 % des élèves ont des parents cadres. Il en va de même pour 63,7 % des étudiants de Polytechnique.[18] Et ce alors que ce sont ces grandes écoles, très spécifiques à la France, qui permettent d'accéder aux positions sociales les plus élevées et les plus avantageuses financièrement dans la société française.

Le comble, c'est que la reproduction sociale est facilitée par l'État. Comme le rappelle Marie Duru-Bellat dans *Le Mérite contre la justice* [19], celui-ci surinvestit dans les filières du supérieur où les étudiants issus des CSP+ prédominent, par rapport aux filières universitaires classiques. Ainsi, un étudiant en classe préparatoire coute-t-il trois fois plus cher qu'un étudiant inscrit à l'université. Elle parle d'une « redistribution inversée », des classes populaires dont les enfants ne fréquentent pas ces écoles vers les classes favorisées, ce qui permet d'accroitre le capital détenu par ces dernières, génération après génération.

Les moyens mis en place pour compenser les inégalités de départ sont insignifiants et inefficaces. Ainsi, dans les REP[20] (17,9 % des élèves du primaire), les sommes investies (9 % de plus que dans les autres établissements en théorie) n'ont aucun effet significatif sur la réussite des élèves et donc sur la réduction des inégalités scolaires et sociales[21] : « *Si l'on tient compte des salaires des personnels, plus gradés et plus expérimentés dans les écoles de "centre-ville", la "discrimination positive", souvent avancée, disparait et devient même négative : la dépense publique par élève dans les ZEP est en effet inférieure de l'ordre de 30 % à la moyenne nationale* », explique l'Institut Montaigne. [22]

Il est ainsi établi depuis longtemps, mais la tendance ne fait que se confirmer, que la réussite sociale et scolaire ne dépend pas des efforts de chacun, mais qu'elle est principalement liée au milieu social d'origine. Les grands discours sur l'égalité des chances et la réussite pour tous tenus par nos instances dirigeantes ne peuvent cacher l'évidence : le système éducatif français traditionnel légitime les inégalités sociales par le biais de la notion de mérite qui a pourtant fait la preuve de son inconsistance.

Il n'est sans doute pas inutile de rappeler que, **de toute façon, la « réussite pour tous » est absolument incompatible avec une société où les ressources sont détenues de manière parfaitement inégalitaire par une minorité.** Comment pourrait-on justifier que certains s'accaparent une part considérable de la richesse si tous étaient en situation de réussite scolaire ? Les places au sommet sont rares et rémunératrices ! Selon Oxfam, en France, « *en 2017, les 10 % les plus riches détiennent plus de la moitié des richesses alors que les 50 % les plus pauvres se partagent à peine 5 % du gâteau. Au sommet de la pyramide, les richesses sont également extrêmement mal partagées et les 1 % les plus riches en sortent particulièrement gagnants : ils possèdent à eux seuls 22 % des richesses en 2017 alors qu'ils n'en possédaient que 17 % en 2007* ». La France est même la championne d'Europe pour le montant de dividendes versés par les entreprises à ses actionnaires. En 2017, plus de 44 milliards d'euros ont été reversés par les entreprises du CAC 40 à leurs actionnaires, soit trois fois plus qu'il y a 15 ans. Dans le même temps, le salaire moyen n'a augmenté que de 14 %. À contrario, se retrouver en bas de la pyramide est très dangereux, quand l'on sait que 142 000 personnes en France sont sans domicile fixe (50 % de plus qu'en 2001 selon l'Insee)[23], et que 5 000 personnes dorment dans la rue, le métro ou les gymnases à Paris tous les soirs.[24]

Que ferait-on donc, dans cette société d'inégalités, d'élèves qui auraient tous « réussi » ? **Il faut bien qu'il y ait des perdants, et ça, l'école peut en garantir la production, labellisée « non-méritants ».**

Pourtant, les études épidémiologiques ont permis de démontrer que plus une société est inégalitaire, plus cette société rencontre des problèmes sanitaires et sociaux…[25]

En somme, pour reprendre une analyse de Louis Maurin, directeur de l'Observatoire des inégalités, **tant que la société française sera inégalitaire, l'école le sera aussi.**[26]

Former des individus capables d'assurer la croissance de l'économie nationale

Toujours selon le rapport du Commissariat général à la stratégie et à la prospective, la seconde finalité de l'école traditionnelle, que l'on retrouve depuis les origines de l'école publique, est de répondre aux besoins économiques du pays, et notamment à « l'économie des connaissances ». Des ministres de tous bords se sont exprimés à ce sujet, de Jean-Pierre Chevènement à Najat Vallaud-Belkacem.[27] Il s'agit de former la main-d'œuvre qui sera à même de concurrencer celle des pays voisins, pour créer plus de croissance.

Cette vision utilitariste de l'éducation est aussi défendue par les organisations internationales, qui prônent un modèle éducatif mettant « *l'accent sur l'éducation comme instrument permettant d'augmenter la productivité et donc la compétitivité des États* ».[28]

Un enjeu auquel l'Éducation nationale a du mal à répondre directement, selon le Commissariat général à la stratégie et à la prospective. Les élèves qui sortent de l'école sont loin d'être créatifs et manuels, et très peu susceptibles d'être des entrepreneurs dans l'âme. Pour autant, si l'école ne parvient à donner au jeune qu'une partie des connaissances techniques requises à son insertion dans le monde du travail, elle réussit bien à empêcher le développement de son sens critique. Est-il étonnant que la forme d'apprentissage principale véhiculée par l'école traditionnelle soit la mémorisation, et non la réflexion critique, encore moins l'action ? Mémorisation de dates, mémorisation d'évènements, mémorisation de formules, de règles grammaticales, de poésies, de noms, de citations, mémorisation de phénomènes physiques... Les évaluations jugent de la capacité de chacun à régurgiter le contenu qui lui a été délivré.

Ainsi, pour Ivan Illich[29], « *l'école est l'institution qui asservit de la manière la plus profonde et la plus systématique, puisque c'est à elle qu'est assignée la fonction de former le jugement critique, fonction que, paradoxalement, elle tente d'accomplir en faisant en sorte que l'apprentissage – qu'il s'agisse de la connaissance de soi, des autres ou de la nature – dépende d'un processus préfabriqué* »[30]. **Pour la société, l'Homme qui sort de l'école doit d'abord être l'outil de la croissance.** Peu importe si cette croissance est responsable de bien des maux !

Je ne crois pas qu'il soit inutile de rappeler que **notre modèle économique, qui se fonde sur la notion de croissance, à travers la production et la consommation de produits toujours plus voraces en énergie, mène notre espèce et les autres à leur perte.**[31] Si tous les êtres humains avaient le niveau de vie d'un Américain, il faudrait 5,3 planètes pour y faire face. Si tous avaient le mode de vie d'un Français, il en faudrait 3.[32] Des générations de Terriens passés par l'école traditionnelle sont parvenues à faire progresser la technologie à une vitesse hallucinante, mais ce progrès technique n'a pu se faire sans une empreinte écologique par habitant exponentielle. Déjà, des villes « développées », comme Le Cap en Afrique du Sud ou Rome en Italie, connaissent de graves pénuries d'eau[33] – sans parler des pays pauvres touchés par la désertification, l'érosion des sols, etc. qui engendrent des conflits et des vagues de migration[34], pour l'instant la plupart du temps dans des pays pauvres frontaliers.

Non seulement notre système économique compromet gravement l'avenir de notre espèce, mais il porte atteinte à toute la biodiversité mondiale. Ainsi, rien qu'entre 1970 et 2010, la Terre a perdu 52 % de ses populations d'animaux sauvages (80 % pour les espèces d'eau douce) [35], et 130 000 espèces (7 % d'entre elles)[36] ont déjà disparu depuis le début de l'ère industrielle, et donc… de l'école traditionnelle ! Par la faute d'une agriculture principalement tournée vers l'élevage, de l'intense production de biens à forte empreinte carbone, de la déforestation, de la surpêche, etc. Tant et si bien qu'aujourd'hui, une espèce de mammifère sur quatre, un oiseau sur huit, plus d'un amphibien sur trois et un tiers des espèces de conifères, de requins et de coraux sont menacés d'extinction mondiale.[37]

Dans ce contexte-là, comment pouvoir prétendre qu'instruire des individus toujours plus productifs et capables d'assurer la croissance serait une nécessité ? Former des jeunes plus aptes, de par leurs compétences pratiques et leur capital intellectuel, à concevoir et à fabriquer des produits nécessitant une énergie toujours plus grande et des matériaux toujours plus rares, est sans doute le meilleur moyen de mener l'espèce humaine à l'extinction. **L'école traditionnelle est certes parvenue à faire progresser les savoirs à une vitesse encore jamais vue, mais cela s'est fait au détriment de toute conscience de notre responsabilité environnementale.**

Au vu de tels constats concernant cette école, ses finalités et leurs implications sociales et environnementales, je ne pouvais qu'espérer trouver des façons différentes d'enseigner et de rêver le monde.

Mais alors quelles alternatives ?

Quel pourrait bien être le but de l'école « idéale » ? Pourquoi apprend-on ce que l'on apprend ? Pourquoi fait-on classe de telle ou telle manière ? Quel est l'objectif sous-jacent ?

Je n'étais pas sûr du tout des réponses à ces questionnements, et j'espérais découvrir dans les écoles alternatives de quoi m'éclairer. Car ce qui m'avait le plus frappé, lors de mes premières lectures de Freinet, Steiner et Montessori, c'était l'impression que dans une école pratiquant une pédagogie différente, les enfants ne pouvaient qu'être plus libres, plus épanouis, et le monde plus beau.

On pourra s'interroger : pourquoi aller à l'étranger voir des écoles alternatives quand il en existe en France ?

C'est que, dans l'Hexagone, celles-ci ne se sont pas très développées. Ces établissements accueillent généralement peu d'élèves et se limitent à l'élémentaire, quand ce n'est pas à la maternelle. Surtout ils sont en majorité privés, hors contrat avec l'État[38], c'est-à-dire qu'ils ne reçoivent aucune subvention – à l'exception d'une vingtaine d'écoles Freinet publiques, de trois écoles Montessori et d'une poignée d'écoles Steiner. Ainsi, la scolarité y coute entre 4 000 et 9 000 euros par an et par enfant. De fait, ce sont donc des écoles élitistes – sans que l'on puisse pour autant les en blâmer. On en perçoit donc les limites. Il me semble plus pertinent de juger une pédagogie lorsque celle-ci est appliquée à un large public hétérogène, représentatif de la société, plutôt que trié sur le volet.

Il me fallait donc aller voir – en France pour la pédagogie Freinet, à l'étranger pour les autres – des écoles alternatives dans leur « environnement naturel ». Quoi de mieux, pour se faire une idée de la méthode Steiner par exemple, que de visiter des écoles Waldorf en Allemagne, – leur pays d'origine – où celles-ci accueillent souvent plus de 300 élèves et reçoivent jusqu'à 80 % de financements publics ?

Pendant deux mois, j'ai contacté près de 200 écoles dans le monde pour leur exposer mon envie d'en savoir plus sur leur pédagogie, dans le but de m'améliorer en tant qu'enseignant. Dans des pays comme les États-Unis, je n'ai obtenu aucun retour. Ailleurs, comme en Finlande, en Islande ou dans les écoles Steiner, je croulais sous les réponses positives. Mon parcours fut vite tracé et je m'en allai donc à la rencontre de ces méthodes, avec un budget de 7 000 euros (mes économies et des dons de proches et d'inconnus). Dans la plupart des écoles, je ne fus que simple observateur, je m'asseyais au fond de la classe et prenais tout en notes ; j'interviewais parents, enseignants et chefs d'établissement ; je discutais longuement avec les élèves ; je participais aux réunions d'enseignants ; je me documentais. À chaque fois, je fus invité à présenter mon parcours aux élèves dans les classes. À Dubai, je donnais quelques cours d'histoire et de natation, en parallèle de l'animation d'un projet bande-dessinée. À Ao Tawhiti (Unlimited Discovery), en Nouvelle-Zélande, j'animais des ateliers d'initiation au français, à l'allemand, à l'écriture arabe et russe, ainsi qu'un projet de réalisation de film et des ateliers de sport. Je suis resté six semaines dans cette école, plus que dans toutes les autres. Pendant tout mon voyage, j'ai dormi chez l'habitant lorsque c'était possible (en *couchsurfing* ou chez de chaleureux enseignants) ou j'ai campé. Voilà pour les détails pratiques du voyage.

8855 mi INDIA
CANADÁ 2890 km 1796 mi
7846 km 4875 mi MARRUECOS
ALASKA 5628 km 3497 mi
8406 km 5220 mi ALEMANIA
XCARET 0 km 0 mi
33 km 20 mi XEL HÁ
HAWAII 7305 km 4539 mi
7535 km 4682 mi PORTUGAL
GRECIA 10263 km 6377 mi
2277 km 1415 mi COLOMBIA
13557 km 8424 mi KENIA
6208 km 3857 mi CHILE
12835 km 7975 mi CHINA
2513 km 1561 mi
XPLOR 3 km 2 mi

Cartographie de mon tour du monde des pédagogies alternatives

7 mois

+

9 pays

+

18 écoles

Carnet de voyage

DATES	LOCALISATION	ÉCOLE
Du 5 au 23 septembre 2016	Paris 18, France	Ecole élémentaire Fernand Labori
Du 3 au 7 octobre	Cologne, Allemagne	Freie Waldorfschule Köln Chorweiler
Du 10 au 15 octobre	Fribourg, Allemagne	Freie Waldorfschule Freibourg-Wiehre
Du 17 et 18 octobre	Bramdean, Royaume-Uni	Brockwood Park School
Du 18 au 22 octobre		Inwoods Small School
24 octobre	Espoo, Finlande	Mainingin koulu
25 et 26 octobre		Kilonpuiston koulu
27 et 28 octobre		Viherkallion koulu
1er novembre		Lähderantan koulu
2 et 3 novembre		Kaitaan koulu
4 novembre		Saunalahden koulu
Du 7 au 18 novembre		Eestinkallion koulu
Du 21 novembre au 2 décembre	Vaudreuil, Canada	Académie Vaudrin, anciennement appelée école trilingue de Vaudreuil
Du 5 au 9 décembre	Randaberg, Norvège	Goa skole
Du 12 au 16 décembre	Vienne, Autriche	Montessoricampus Wien Hütteldorf
Du 2 au 27 janvier 2017	Dubaï, Emirats arabes unis	Lycée français international George-Pompidou
Du 1er février au 15 mars	Christchurch, Nouvelle-Zélande	Ao Tawhiti Unlimited Discovery
16 et 17 mars		Tamariki School

NOMBRE D'ÉLÈVES	ÂGE DES ÉLÈVES	STATUT	TYPE DE PÉDAGOGIE
126	6 à 11 ans	Public	Freinet et pédagogie institutionnelle de Fernand Oury
390	7 à 19 ans	Privée sous contrat	Pédagogie Waldorf / Steiner
370	7 à 19 ans	Privée sous contrat	
73	15 à 19 ans	Privé (internat)	Pédagogie Inspirée de la pensée de Jiddu Krishnamurti1, apports d'André Stern et des « Forest schools »
30	6 à 11 ans	Privé	
518	7 à 16 ans	Public	« Pédagogie scandinave »
700	7 à 16 ans		
350	7 à 13 ans		
265	7 à 13 ans		
350	13 à 16 ans		Idem et apprentissage assisté par l'animal
800	7 à 14 ans		« Pédagogie scandinave »
350	7 à 13 ans		Idem et enseignement assisté par l'animal
170	2 à 12 ans	Privé	Programmes pour élèves atteints de troubles mentaux et troubles de l'apprentissage (Arrowsmith, Cellfield…), programmes anti-harcèlement et maternelle Montessori
500	6 à 13 ans	Public	« Pédagogie scandinave » ; coenseignement
170	6 mois à 18 ans	Privé	Montessori et International Baccalaureate
2850	3 à 18 ans	Privé	Enseignement traditionnel dans un contexte international, grosses infrastructures
479	6 à 18 ans	Public	Liberté d'apprentissage, pédagogie de projet et « outdoor education »
51	6 à 18 ans	Public	Liberté d'apprentissage et autogestion

Randaberg, Norvège

Espoo, Finlande

Christchurch, Nouvelle-Zélande

Cologne, Allemagne

Montréal, Canada

Vienne, Autriche

Dubaï, Émirats arabes unis

Bramdean, Angleterre

Paris, France

Avant d'exposer mes observations, il est nécessaire que j'introduise le lecteur aux différentes « pédagogies alternatives » que je suis allé explorer.

De nombreuses personnalités ont influencé le monde de l'éducation « alternative ». Mais aucune d'entre elles n'est parvenue à laisser sa marque autant que Célestin Freinet, Maria Montessori ou Rudolf Steiner. Seuls ceux-là ont réussi à diffuser des idées et pratiques encore appliquées en leur nom aujourd'hui. C'est pourquoi j'ai visité en premier les écoles affiliées à leur pédagogie.

Pour la suite de mon voyage, j'avais prévu de visiter des établissements n'appartenant à aucun mouvement en particulier: huit écoles « innovantes » selon leurs propres termes à Espoo en Finlande et Randaberg en Norvège ; un lycée international à Dubaï (fort de très grosses infrastructures mais dont les pratiques pédagogiques étaient très conventionnelles et dont je n'aurai donc pas l'occasion de parler dans ce livre) ; un internat fondé par Jiddu Krishnamurti à Bramdean en Angleterre ; une école trilingue à Vaudreuil au Canada, spécialisée dans les troubles de l'apprentissage et du comportement, dotée d'une école maternelle Montessori ; et deux « écoles démocratiques » très différentes l'une de l'autre à Christchurch en Nouvelle-Zélande. Je n'avais pour le coup aucune idée de ce à quoi je devais m'attendre concrètement, mais il a été très profitable de ne pas me limiter aux mouvements pédagogiques alternatifs les plus connus, comme je vais le détailler plus tard.

Les alternatives pédagogiques contemporaines majeures : Freinet, Montessori, Steiner

La pédagogie Freinet

Origines et pratiques

Célestin Freinet (1886-1966), instituteur français, est à l'origine de techniques favorisant la **coopération entre les enfants, l'expression libre, l'individualisation des apprentissages et le tâtonnement expérimental**. Il s'oppose à « l'école-caserne », celle de l'élève docile et malléable à coups de leçons frontales.[39] Fils d'un cultivateur et d'une épicière à Gars, résistant et militant engagé au parti communiste pendant de nombreuses années, **il estime que l'école doit permettre l'émancipation des classes prolétariennes vis-à-vis de la bourgeoisie et de l'Église**. Il propose une école qui prépare les enfants et les adolescents d'aujourd'hui à **être capables d'agir sur le monde de demain**. Il voit dans l'éducation le premier des actes politiques pour améliorer le monde.

Soucieux de ne pas être un gourou proposant des solutions figées prétendument applicables universellement, il développe, avec sa femme Élise Freinet, elle aussi institutrice, un réseau d'enseignants, force de réflexions et de propositions pour développer « l'école du peuple » ; ce réseau prend le nom de l'Institut coopératif de l'école moderne (ICEM) en 1947 ; il existe encore actuellement et est reconnu par le ministère de l'Éducation nationale.

Avant d'initier ce qu'il appelle « l'école moderne », Freinet rencontre les plus illustres des membres du mouvement de l'Éducation nouvelle, se plonge dans les ouvrages de pédagogues de renommée internationale et visite des écoles « révolutionnaires » dans différents pays.[40] Il développe des techniques qui permettent aux enfants d'être constamment en action et de s'autogérer. Il estime que dès l'instant que les élèves sont engagés dans des activités qui font sens pour eux car elles sont authentiques, l'autorité de l'adulte n'a plus lieu d'exister. Cela convenait d'autant mieux à Freinet que, gravement blessé au poumon pendant la Première Guerre mondiale, il s'épuise vite et n'est pas capable de mobiliser la parole ni d'appliquer une discipline de fer à ses élèves toute la journée de manière frontale. **À « l'école moderne », l'enseignant en retrait n'a plus à être tout-puissant, les élèves réalisant leurs apprentissages par le biais de la coopération, du tâtonnement et du travail en autonomie.**

Parmi les techniques développées par Freinet et son mouvement pédagogique, on trouve les conseils de coopérative, les textes libres, le plan de travail individuel, la correspondance et les échanges interscolaires, le journal d'école, les enquêtes et les promenades – qui permettent d'ouvrir la classe sur le monde réel –, ou encore l'imprimerie scolaire – qui favorise l'expression des enfants qui publient leurs propres textes. **Pour Freinet, la classe idéale ressemble à un atelier dans lequel des élèves de tous âges s'engagent dans des travaux authentiques.** Pour autant, il n'exclut pas les apprentissages scolaires « classiques » tels que les mathématiques, la grammaire, etc. Il s'élève d'ailleurs contre la « pédagogie du jeu », qui ne constituerait pas selon lui une forme assez noble d'activité pour l'enfant, et écrit à ce sujet : « *Ce n'est pas le jeu qui est naturel à l'enfant, mais le travail.* » Il va ainsi à l'encontre de pédagogues libertaires selon lesquels le jeu, activité des plus naturelles, mène lui aussi aux apprentissages essentiels que sont le vivre-ensemble, la communication et la coopération.

Après être entré dans de graves conflits avec l'administration et la municipalité conservatrice de Saint-Paul-de-Vence où il enseignait, Freinet fonde sa propre école-internat à Vence, avec l'aide du Front populaire qui arrive au pouvoir en même temps. Il y accueillera principalement des enfants d'ouvriers parisiens, mais aussi des réfugiés juifs fuyant l'Allemagne nazie, ainsi que des Espagnols qui fuient Franco. Après la parenthèse de la Seconde Guerre mondiale, durant laquelle il est emprisonné avant de prendre le maquis en 1944, Freinet parvient à rouvrir son école, qui finira par devenir publique. En parallèle, il continue de publier dans de nombreuses revues de l'Éducation nouvelle et de faire vivre et connaitre son mouvement à travers les assemblées générales des différentes sections de l'ICEM, des congrès internationaux et des publications.

Les « invariants pédagogiques » chez Freinet

Même si les enseignants « freinétiques » conçoivent plutôt la pédagogie Freinet comme un ensemble de techniques en évolution que comme une méthode figée, celle-ci suit un certain nombre de principes. Ces principes, Freinet les appelle les « invariants pédagogiques » ; ils constituent en quelque sorte la profession de foi du mouvement.

En voici quelques-uns :

« **Invariant n° 1** - L'enfant est de la même nature que l'adulte.

Invariant n° 4 - Nul – l'enfant pas plus que l'adulte – n'aime être commandé d'autorité.

Invariant n° 5 - Nul n'aime s'aligner, parce que s'aligner, c'est obéir passivement à un ordre extérieur.

Invariant n° 6 - Nul n'aime se voir contraint à faire un certain travail, même si ce travail ne lui déplait pas particulièrement. C'est la contrainte qui est paralysante.

Invariant n° 7 - Chacun aime choisir son travail, même si ce choix n'est pas avantageux.

Invariant n° 13 - Les acquisitions ne se font pas comme l'on croit parfois, par l'étude des règles et des lois, mais par l'expérience. Étudier d'abord ces règles et ces lois, en français, en art, en mathématiques, en sciences, c'est placer la charrue devant les bœufs.

Invariant n° 16 - L'enfant n'aime pas écouter une leçon *ex cathedra.*

Invariant n° 19 - Les notes et les classements sont toujours une erreur.

Invariant n° 20 - Parler le moins possible.

Invariant n° 21 - L'enfant n'aime pas le travail de troupeau auquel l'individu doit se plier comme un robot. Il aime le travail individuel ou le travail d'équipe au sein d'une communauté coopérative.

Invariant n° 22 - L'ordre et la discipline sont nécessaires en classe.

Invariant n° 23 - Les punitions sont toujours une erreur. Elles sont humiliantes pour tous et n'aboutissent jamais au but recherché. Elles sont tout au plus un pis-aller.

Invariant n° 25 - La surcharge des classes est toujours une erreur pédagogique.

Invariant n° 26 - La conception actuelle des grands ensembles scolaires aboutit à l'anonymat des maitres et des élèves ; elle est, de ce fait, toujours une erreur et une entrave.

Invariant n° 27 - On prépare la démocratie de demain par la démocratie à l'École. Un régime autoritaire à l'École ne saurait être formateur de citoyens démocrates. »[41]

La pédagogie Freinet aujourd'hui

À la différence des écoles Steiner et Montessori, il n'y a que très peu « d'écoles Freinet ». En effet, l'idée que l'école doit être gratuite et donc publique est forte chez les partisans du pédagogue. La majorité d'entre eux travaillent donc isolément ou en petits groupes dans des écoles publiques classiques, et tentent d'y mettre en place un certain nombre de techniques issues des travaux de Freinet et de ses camarades.[42] Les publications actuelles des membres de l'ICEM incitent les enseignants qui souhaiteraient mettre en place la pédagogie Freinet dans leur classe à y aller progressivement, à intégrer les éléments qui leur semblent faire sens au fur et à mesure, et pas nécessairement dans leur totalité.[43]

Aussi, si la pédagogie Freinet est celle qui aura le plus impacté les pratiques de l'Éducation nationale (« Quoi de neuf », classes découvertes, conseils de classe, sorties scolaires...), cette influence reste pour autant minime en dehors de quelques cercles d'initiés. Ces derniers donnent un réel pouvoir aux élèves dans le cadre de la gestion de la coopérative, organisent la classe en ateliers, dédient de grandes plages horaires à l'expression libre sous toutes ses formes et favorisent la coopération entre élèves d'âges différents dans chacune des activités de la classe. De manière générale, tout le travail du mouvement Freinet sur la coopération, l'autonomie et le tâtonnement expérimental n'a pas fait beaucoup d'émules parmi les enseignants de l'école publique. **On compte actuellement en France 22 écoles publiques fonctionnant entièrement en pédagogie Freinet, entre 3 000 et 5 000 enseignants indépendants se revendiquent de ce mouvement et quelques milliers de plus à l'étranger.**[44] Depuis les années 1990, le mouvement s'est essoufflé dans l'Hexagone (à son âge d'or, ses congrès d'été rassemblaient jusqu'à 1 500 personnes ; aujourd'hui, environ 500 pédagogues font le déplacement pour échanger sur les pratiques et la transformation du monde).[45] Pour autant, Freinet continue d'inspirer des enseignants du monde entier, et ses enseignements sont étudiés par les aspirants professeurs de nombreux pays, en particulier en Finlande.

Paradoxalement, alors que la pédagogie Freinet a sans doute les visées les plus révolutionnaires des trois mouvements alternatifs présentés ici, elle présente dans son application actuelle le caractère alternatif le moins prégnant en général. **En fonc-**

tion de l'enseignant, une « classe Freinet » peut avoir bien des visages, plus ou moins inspirés par ce que prônait le pédagogue. Finalement, c'est la pratique du « plan de travail » qui s'est le plus imposée. Avec cet outil, l'élève, en fonction de son âge, de son niveau et de ses envies, se fixe des tâches à réaliser sur une semaine, voire un mois, qu'il effectue ensuite dans l'ordre qu'il souhaite, grâce à des fichiers autocorrectifs développés par l'ICEM. Ceux-ci permettent à chacun de travailler en autonomie sur les notions du programme, en mathématiques, français, histoire...[46] L'autonomie, certes, mais dans un cadre très normé. C'est une avancée certaine, mais on est bien loin de la lutte des classes populaires contre l'ordre bourgeois.

Que dit la recherche de la pédagogie Freinet ?

Les études évaluant cette pédagogie sont très positives. Entre 2001 et 2006, la plus longue et la plus complète de ces recherches universitaires a été menée dans une école publique en REP, à Mons-en-Barœul, près de Lille, où, suite à d'importants dysfonctionnements, l'équipe avait été entièrement renouvelée avec des enseignants pratiquant la pédagogie Freinet.[47] Elle compare l'école Freinet avec des établissements témoins accueillant pour certains, des élèves issus des mêmes milieux défavorisés, pour d'autres, des élèves des classes moyennes. L'étude montre l'amélioration du climat scolaire, la baisse des faits de violence et une meilleure intégration des élèves « en souffrance ». En termes de résultats académiques, elle conclut que c'est sur le plan de l'expression écrite que les résultats ont été les plus spectaculaires. Les productions des élèves

Freinet sont nettement supérieures à celles des autres élèves d'origine populaire. Elles s'approchent de celles produites par des élèves des classes moyennes. Des résultats qui permettent donc de répondre aux attentes de l'institution scolaire.

La pédagogie Montessori

Origines et pratiques

En 1907, Maria Montessori (1870-1952), médecin italienne, ouvre la première Casa dei Bambini dans un quartier pauvre de Rome (San Lorenzo), au terme de plusieurs années d'observation des enfants, et notamment des enfants souffrant de handicap mental.

Elle y jette les bases de la pédagogie qui portera son nom avec l'ambition de **faire de l'enfant le maitre de son propre développement en l'inscrivant dans un environnement bienveillant et adapté, qui respecte sa personnalité, son histoire et son rythme.** Pour ce faire, les écoles Montessori permettent aux élèves de **choisir leurs activités en fonction du matériel éducatif disposé le long des murs de la classe, et de s'y adonner en toute autonomie**. Ces activités ont trait à quatre domaines : la vie pratique, la vie sensorielle, le langage et les mathématiques. Elles proposent, dans les petites classes, un matériel en bois permettant de facilement visualiser et de rendre tangibles les concepts abordés dans ces champs d'activité. Ce matériel est inspiré de celui que les médecins français Jean Itard et Édouard Seguin avaient développé pour les enfants présentant des déficiences mentales et les sourds-muets. Quand on parle de la « pédagogie Montessori », c'est souvent

| Des élèves du Montessori Campus (à Vienne) travaillent individuellement.

à ce matériel que l'on fait référence. Il ne peut être manipulé n'importe comment : il doit être utilisé aux fins prévues lors de la conception par Montessori de chacune de ces activités, en suivant une progression particulière et d'une manière précise.

L'enfant peut répéter l'activité autant de fois qu'il le désire. **Dans ces écoles, il n'y a donc pas d'emploi du temps, ni de leçons collectives (sauf en de rares occasions). L'éducateur Montessori introduit individuellement chaque enfant à l'activité vers laquelle celui-ci s'est tourné**. Chaque classe accueille une trentaine d'enfants ayant jusqu'à trois ans d'écart. Ainsi, **les élèves les plus âgés peuvent-ils aider les plus petits.**

Nombre d'apprentissages essentiels pour le développement ultérieur ont lieu jusqu'à 6 ans. Pour Maria Montessori, c'est pendant des « périodes sensibles »[48] que les enfants sont particulièrement disponibles à l'acquisition de certaines aptitudes, comme l'ordre, le mouvement, le raffinement des sens, le développement social, le langage… Si ces périodes sensibles passent sans avoir été mises à profit, la prédisposition de l'enfant à un apprentissage naturel se tarit, compromettant grandement le développement d'autres aptitudes.

Dans les écoles Montessori, il n'y a pas de temps de récréation hormis celui de la pause méridienne. L'idée est que les enfants, qui peuvent déjà se déplacer à n'importe quel moment librement et dans le calme dans la classe, ont besoin d'un temps long pour se concentrer sur leur activité, qu'il ne faut pas interrompre.

Jusqu'à 6 ans, les activités liées au développement de l'imagination et à la créativité sont limitées ; l'enfant doit dans un premier temps construire ces capacités-là sur l'existant et l'observation du réel. Il n'est pas toléré que l'enfant « joue » à l'adulte (dinette, garage…) ; il doit être engagé dans des « activités vraies ». Dans le même esprit, la classe est très dépouillée. Pas d'affichages, car on estime que ceux-ci risqueraient de détourner l'attention des élèves de leur travail. Pas de couleurs criardes non plus. L'ambiance est tout entière à la concentration.

Une école montessorienne pour quel monde ?

Dans ses écrits, Maria Montessori ne développe pas une vision du monde très précise. Ce que l'on sait, c'est qu'après avoir un temps travaillé avec le régime fasciste mussolinien qui l'aida à développer ses écoles, elle finit par prendre publiquement position contre la guerre et les totalitarismes – qu'elle fuit pour s'installer en Inde en 1936 – tout en professant l'épanouissement individuel et le droit au bonheur.[49] S'il est clair que le monde auquel elle aspire est un monde de paix, constitué d'« hommes puissants, c'est-à-dire indépendants et libres »[50], elle ne s'avance pas vraiment sur ce que cela implique concrètement. Ce manque de vision sociétale et de volonté révolutionnaire lui sera d'ailleurs reproché par Célestin Freinet. L'instituteur français, tout en rendant hommage aux apports pédagogiques de la doctoresse italienne, considère qu'elle s'est embourgeoisée[51] et « aux genoux de l'Église ».[52] En 1929, fervente catholique, Maria Montessori propose en effet d'intégrer à ses écoles des « *chambres saintes* », où « *tout devrait être en rapport avec la vie spirituelle de l'enfant et le résultat devrait être que l'âme de l'enfant et toutes les activités soient concentrées autour de la vie et de la personnalité de Notre Seigneur* ».[53] Des propositions allant dans le sens d'une éducation au christianisme sont présentes dans à peu près tous ses livres[54] (ce qui, pour beaucoup de pédagogues révolutionnaires de l'époque, semblait aller à l'encontre même des principes d'autonomie et de liberté prônés par l'éducatrice).

Quelques pensées de Maria Montessori

- *« Éduquer, ce n'est pas dresser. »*
- *« L'enfant n'est pas un vase que l'on remplit, mais une source que l'on laisse jaillir. »*[55]
- *« L'éducation doit promouvoir à la fois le développement de l'individualité et celui de la société. La société ne peut pas se développer si l'autonomie des individus ne progresse pas. »*
- *« N'élevons pas nos enfants pour le monde d'aujourd'hui. Ce monde aura changé lorsqu'ils seront grands. Aussi doit-on en priorité aider l'enfant à cultiver ses facultés de création et d'adaptation. »*
- *« L'école doit devenir le lieu où l'enfant peut vivre dans la liberté. »*
- *« L'éducation est une arme de paix. »*
- *« Notre souci principal doit être d'éduquer l'humanité ou plutôt les êtres humains de tous les pays pour les guider et les aider à poursuivre des objectifs communs. »*
- *« Il est apparu, à notre grande surprise, un fruit de notre méthode que nous n'avions pas prévu. L'église est presque la fin, ce à quoi mène une grande partie de l'éducation que la méthode propose de donner. »*

La pédagogie Montessori aujourd'hui

Il y a aujourd'hui 22 000 écoles et ateliers Montessori dans le monde, dont 200 en France, concentrés principalement en Ile-de-France, sur la Côte d'Azur et dans la vallée du Rhône.[56] Tous ne sont pas certifiés par l'AMF (Association Montessori de France, l'association « officielle » du mouvement dans l'Hexagone). Elles fonctionnent majoritairement comme au temps de Maria Montessori, en utilisant un matériel sensoriel identique.

La plupart des études sont concordantes : les élèves des écoles Montessori obtiennent de meilleurs résultats aux tests d'aptitudes scolaires mais aussi de comportement prosocial, même lorsque le groupe témoin de l'étude est constitué d'élèves d'écoles traditionnelles issus des mêmes milieux sociaux.[57]

La pédagogie Steiner-Waldorf
Origine et pratiques

La pédagogie Steiner-Waldorf (nous adopterons ici l'appellation « pédagogie Steiner », la plus commune en France) **trouve ses bases dans la doctrine de l'Austro-Hongrois Rudolf Steiner** (1861-1925), **philosophe occultiste et mystique à l'origine d'une nouvelle façon de voir le monde, qu'il appelle l'anthroposophie.** Il s'agit d'un « mouvement d'ésotérisme chrétien fondé en 1913 », qui reprend une « gnose chrétienne de source théosophique »[58], selon le Larousse. Ainsi, elle rassemble des éléments issus des travaux de Goethe, de la mystique allemande, de la tradition chrétienne, de philosophies et religions orientales et de mythes occultes et spiritualistes. Elle projette d'étudier la nature de l'Homme et de la vie.

Steiner s'est attaché à décrire de très nombreux phénomènes, de la venue du Christ sur Terre à la cosmologie, en passant par les origines du monde et l'Atlantide. Mais sa principale idée « *repose sur la notion qu'il existe un monde spirituel que la pensée pure peut comprendre mais qui n'est accessible qu'aux facultés supérieures de la connaissance mentale* ».[59] Ainsi, Steiner écrit-il :

« Il existe à l'état latent chez tout homme des possibilités qui en se réalisant lui permettent d'acquérir la connaissance des mondes supérieurs. Le mystique, le gnostique et le théosophe parlent d'un monde des âmes et d'un monde des esprits qui sont pour eux aussi réels que les objets que notre œil aperçoit ou que notre main touche. En les écoutant, l'on est en droit de se dire : Ces expériences peuvent devenir les miennes si je développe certains pouvoirs qui sommeillent encore en moi. »[60]

Il existe aujourd'hui 1 092 écoles Steiner dans le monde, et à peu près autant de jardins d'enfants, réparties dans 67 pays, **dont 21 écoles en France**, 6 allant jusqu'au lycée. Certaines d'entre elles seulement sont sous contrat avec l'État français.[61] Elles sont alors régulièrement inspectées par l'Éducation nationale et doivent respecter les programmes (ce qu'elles font sans difficulté particulière, malgré le temps moindre consacré aux « fondamentaux » par rapport aux écoles traditionnelles). Dans le monde germanophone, si les écoles Steiner et la doctrine sur laquelle elles se basent sont relativement méconnues du grand public, elles sont présentes dans de très nombreuses villes, avec d'importants financements régionaux.

Il faut dire aussi que les écoles Waldorf, qui fondent leur méthode pédagogique sur les directives de Rudolf Steiner, ne mettent pas en avant leur fondateur ni ses écrits occultes. Dans leur communication aux familles, l'accent est mis sur les aspects pratiques de la pédagogie Steiner. **Les parents choisissent rarement les écoles Steiner en raison de leur fondement anthroposophique.**[62]

Elles n'enseignent même pas aux élèves les principes de l'anthroposophie (afin de ne pas rebuter les parents, selon certains[63]). Pour autant, elles véhiculent certaines de ses théories les plus essentielles sans en évoquer l'origine et s'attachent à créer une atmosphère mystique à l'école, à travers la répétition de mantras ou prières, l'étude de grands mythes chers à Steiner et la célébration de nombreuses fêtes chrétiennes et mystiques. Au final cependant, le nombre d'élèves Waldorf qui connaissent les thèses du penseur est extrêmement faible à la fin des études.

Les grands principes de la pédagogie Steiner

Comme Steiner le dit lui-même à l'occasion de l'ouverture de la première école Waldorf à Stuttgart en 1919, « *le but de cette école est d'arriver, par un enseignement qui repose sur une connaissance approfondie de l'être humain, à* ***éduquer des enfants qui soient sains et forts dans leur corps, libres dans leur âme et créateurs dans leur esprit. L'enseignement de l'école repose sur cet équilibre entre les activités intellectuelles, artistiques et manuelles.*** *Elles concourent à harmoniser l'être humain dans ses facultés de penser, de sentir et de vouloir* ». Ainsi, à l'école Steiner, les activités manuelles et artistiques ont-elles autant de poids que les activités scolaires traditionnelles. La pédagogie Steiner présente quelques spécificités.

L'IMPORTANCE DES PÉRIODES

Dans la pédagogie Steiner, les apprentissages sont réalisés par « périodes » (sauf pour les langues vivantes). Ainsi, après avoir fait de la géographie pendant quatre semaines, les enfants passent à la littérature, puis aux mathématiques, puis à la nutrition, à l'observation de la nature, etc. Cela vise à travailler en profondeur chaque thématique. Les cycles sont très importants pour les écoles Waldorf : à chaque âge correspondent des besoins particuliers, des phases de développement. Vers 10 ans par exemple, les élèves sont censés commencer à se distancier du monde environnant, et à le regarder avec leurs propres yeux. À cet âge, ils commencent donc à suivre des cours d'observation de la nature, à utiliser des éléments naturels, tels que le bois, pour construire des abris, par exemple. De même, les couleurs des classes évoluent en fonction des âges : plus les enfants grandissent, plus les couleurs des murs passent du chaud (rouge, orange, jaune, beige) au froid (vert, bleu), supposées correspondre au développement progressif de la rationalité.

UN ENSEIGNEMENT IMAGÉ ET POÉTISÉ

Les apprentissages prennent place dans un environnement très poétisé, par le biais des mythes, de la poésie, des prières à la nature, de la danse, des fleurs, des rites populaires et chrétiens, des jeux de couleurs, du dessin et de tout ce qui est susceptible de développer l'imagination romantique. L'apprentissage des lettres de l'alphabet, par exemple, se fait par le biais de chansons. Pour chaque lettre, on travaille le ou les sons correspondants ; on danse et on dessine sa forme (pour le « i », par exemple, c'est un grand magicien le doigt levé vers le ciel). Aux murs sont affichés des images différentes selon les âges : héros de contes la première année, saints bibliques la deuxième, héros germains la troisième, puis dieux égyptiens et perses, explorateurs, scientifiques et autres grands hommes (la gente

| Des enfants de CE1 effectuent les rituels du matin à l'école Steiner de Cologne.

féminine est quasi absente…) se succèdent, comme figures inspirantes. **L'enseignement est rendu le plus vivant possible par le biais des chansons et poèmes récités en mouvement lors de la première partie de la journée** jusqu'à la huitième année. Tous les textes écrits par les élèves sont illustrés en détail (le plus souvent, c'est un devoir à faire à la maison).

UNE MÊME CLASSE PENDANT 12 ANS

Les élèves gardent les mêmes camarades de classe pendant toute leur scolarité, ce qui doit leur permettre d'évoluer en tant que communauté. Jusqu'à la huitième année, le professeur principal reste le même et enseigne les matières académiques pendant deux heures par jour au moins. **Ce suivi doit permettre de mieux connaitre les élèves, et d'ainsi mieux répondre à leurs difficultés.** Lors de la première année, le professeur principal rend également visite à chaque famille afin de prendre connaissance du milieu dans lequel baigne l'enfant lors du temps extrascolaire. Les élèves qui le souhaitent peuvent effectuer une dernière année de préparation à l'examen national du bac (ce que fait la quasi-totalité des élèves).

APPRENTISSAGE EN CONTACT DIRECT AVEC L'ENVIRONNEMENT, LA « VRAIE VIE » ET LA NATURE

Si, dans les petites classes, le contact avec l'environnement et les autres se fait principalement par le biais du jeu en plein air et du jardinage, c'est dans les grandes classes que l'apprentissage de la « vraie vie » est poussé à son comble, non seulement par le biais des nombreuses activités manuelles évoquées plus haut, mais aussi grâce à des stages pratiques (sur un domaine agricole à 16 ans, puis en entreprise à 17 ans et enfin dans un établissement à but non lucratif à 18 ans). À tous les âges, des travaux dans le champ et le jardin de l'école ont lieu, afin de rappeler le lien nécessaire entre l'Homme et la Terre, le besoin de respecter cette dernière.

LE PROFESSEUR COMME « PORTE SUR LE MONDE »

Dans les petites classes, c'est le professeur qui doit servir de « porte sur le monde ». **L'usage de manuels scolaires ou d'autres médias tels qu'Internet est rejeté** car considéré comme pas assez personnel, réel, ne correspondant pas au besoin de lien social et affectif des jeunes. Le professeur a pour rôle de rassurer et d'orienter les enfants, de s'assurer de leur bienêtre.

Comparaison avec Montessori

S'il y a nettement moins d'écoles Steiner que d'écoles Montessori, en revanche les premières accueillent souvent bien plus d'élèves et permettent à ceux-ci d'y suivre toute leur scolarité, jusqu'à 18 ans. Surtout, elles s'inscrivent dans un mouvement international de bien plus grande ampleur, qui dépasse largement le domaine de l'éducation. L'anthroposophie compte en effet de multiples structures et théories, dans des domaines aussi variés que l'agriculture (biodynamie), la banque (la Nef), les arts (eurythmie, champ Werbeck, art de la parole), la médecine (Weleda, mouvement Camphill, etc.), les colonies de vacances (Iona), l'édition (Rudolf Steiner Verlag, Éditions Triades), la religion (communauté des Chrétiens), la politique (tripartition sociale)... ce qui n'est absolument pas le cas chez Montessori, qui n'a pas développé de vision particulièrement précise du monde, et n'a pas essayé de le transformer autrement qu'à travers ses écoles.

Que dit la recherche de la pédagogie Steiner ?

Comme dans le cas Montessori, il semblerait qu'une « éducation Steiner » soit supérieure à une éducation traditionnelle sur bien des aspects. Au niveau des résultats scolaires (ce qui intéresse généralement le plus les parents et les institutions), que l'on se rassure : les élèves issus d'écoles Steiner réussissent, en fonction des pays et des matières, mieux ou aussi bien que les élèves issus de groupes témoins. Ainsi, une étude ministérielle autrichienne conclut-elle que les élèves Waldorf de 15 ans sont meilleurs en sciences et en lecture (quoiqu'un peu moins bons en mathématiques).[64] En Allemagne, les élèves Waldorf sont plus nombreux à passer le baccalauréat que la moyenne nationale, et leurs résultats sont équivalents. Ils sont aussi issus de milieux sociaux bien supérieurs à la moyenne, ce qui est à prendre en compte dans ces résultats. Ils sont enfin plus susceptibles d'être heureux dans leur travail et, surtout, moins souvent au chômage.[65]

Les élèves Waldorf sont également plus curieux, plus confiants, plus ouverts à de nouvelles idées et plus enclins à s'engager socialement que des élèves issus du système éducatif traditionnel.[66] Surtout, ils sont plus heureux à l'école, moins stressés et plus désireux d'apprendre que les élèves issus de groupes témoins.[67]

Freinet, Steiner, Montessori… le libre épanouissement de l'enfant, vraiment ?

Au bout de deux mois de voyage, après avoir visité deux classes Freinet, deux écoles Waldorf à Cologne et à Fribourg, un établissement Montessori à Vienne et un autre au Canada, je me suis rendu compte qu'aucune des pédagogies alternatives « classique » ne me satisfaisait pleinement.

Certes, j'y avais vu de nombreuses choses très enthousiasmantes, qui font l'objet de la seconde partie de ce livre (voir p. 83 et suiv.). Mais j'y avais aussi retrouvé des éléments que je fuyais dans l'école traditionnelle, à mon grand désarroi.

Tout d'abord, l'emprise de l'adulte sur l'enfant. Aussi bien chez Montessori que chez Steiner ou Freinet, l'enfant est au service de l'entreprise des « grands ». Cela est plus évident chez Steiner de premier abord. Il disait très explicitement au enseignants anthroposophes : « *Si nous devons un jour abandonner l'école Waldorf, cela signifiera ôter le sol sous les pieds à notre mouvement anthroposophique tout entier.* »[68]

Pour Maria Montessori, nul doute que les enfants doivent rapidement savoir écrire et calculer. Le passage par son matériel sensoriel « révolutionnaire » sert en grande partie à cela (et c'est d'ailleurs l'efficacité de ce matériel quant à l'acquisition de ces « apprentissages fondamentaux » que met en avant Céline Alvarez dans son livre *Les Lois naturelles de l'Enfant* paru en 2016).

Chez Freinet enfin, l'école s'inscrit bien dans les attentes de l'institution et la liberté de choix prêchée n'est pas aussi en grande partie importante que celle qui est appliquée (ce qui s'explique aussi par la difficulté de mettre en œuvre un programme pédagogique révolutionnaire au sein d'une institution qui ne l'est pas).

Ce qui peut également attrister, c'est que **ces pédagogies qu'on appelle aussi « pédagogies nouvelles » n'ont malheureusement pas évolué depuis leur création.**[69] Les praticiens contemporains de ces méthodes tiennent trop à travailler comme « le maitre » qu'ils adulent, avec souvent un esprit critique limité. Les noms de pédagogues comme Steiner ou Montessori font le même effet qu'une marque et garantiraient (pas légalement mais moralement) aux parents que leurs enfants seront éduqués selon les principes développés par ces hommes et femmes devenus célèbres. Pas de place pour l'innovation dans ce contexte-là. Je fus ainsi abasourdi d'entendre des éducatrices en école Montessori à Vienne me dire : « *Je ne vois pas pourquoi je devrais réfléchir à un nouveau fonctionnement dans l'école, ce qu'a fait Montessori, c'est parfait.* »

Pourtant, Maria Montessori elle-même écrit dans *L'Enfant* qu'elle souhaite que l'on s'inspire de son travail pour le faire évoluer.[70] Une noble idée contredite par ses actes et ceux de nombre de ses adeptes, comme je le détaille un peu plus loin.

Mais chez Steiner, Freinet et Montessori, ce n'était pas que l'emprise des adultes sur les enfants qui m'étonnait. Dans chacune des écoles que j'ai visitées, j'étais déçu de découvrir des réalités loin d'être parfaites, que je vais m'atteler maintenant à détailler.

Chez Montessori tout d'abord

Au Canada et en Autriche, dans les classes qui fonctionnent en pédagogie Montessori, j'ai été interpellé par le fait que le message de liberté affiché soit autant en décalage avec la réalité de l'enseignement.[71] **Les élèves sont certes « libres de choisir leur activité », mais ce n'est qu'un choix très restreint, limité aux quelques dizaines d'activités proposées dans la salle, qui concernent quasi exclusivement l'apprentissage de la langue maternelle et des mathématiques.** Quelques petites activités sont prévues en géographie et en sciences, mais c'est minime et celles-ci n'attirent pas les élèves. En géographie par exemple, l'une d'entre elles consiste à reconstituer le puzzle des pays du monde. Une autre à placer des drapeaux permettant de localiser les routes principales du pays. Bref, une conception extrêmement limitée, et à mon avis peu inspirante, de la géographie. En plus de cela, les élèves doivent suivre la progression des activités pensée par Maria Montessori. C'est-à-dire qu'ils ne peuvent pas choisir de faire une activité s'ils n'ont pas effectué préalablement l'activité censée venir avant. Ils ne peuvent pas non plus s'adonner à l'activité de la manière qui leur plait, par exemple jouer avec des figurines qui sont censées être utilisées pour acquérir un vocabulaire spécifique, ou transvaser de l'eau d'un pot vers un autre sans respecter la posture prévue par Maria Montessori ! Bien sûr, tout cela est expliqué aux élèves et aux observateurs avec un ton très délicat (on parle de l'importance d'un environnement bienveillant), mais **cela m'a donné l'impression d'une « main de fer dans un gant de velours »**...

L'école, chez Montessori, s'adapte en effet au rythme de l'enfant et elle lui donne un sentiment de liberté. Mais c'est en le conditionnant, en l'empêchant de voir la richesse des activités qu'il pourrait mener en dehors de cette classe. **Les élèves n'ont en effet presque jamais l'occasion de s'adonner aux arts ou aux travaux manuels, et encore moins au sport ou aux activités de plein air. Ils passent quasiment toutes leurs journées à l'intérieur.** Surtout, ils ne travaillent à peu près jamais en groupe, à plus de deux enfants. J'ai eu d'ailleurs l'occasion, à plusieurs reprises, de constater à quel point les élèves de l'école étaient incapables de travailler en coopérant à plus de deux, même dans les classes Montessori au lycée.

Chez Steiner ensuite

Je fus surpris d'emblée par le nombre d'élèves par classe – une quarantaine –, puis déçu par la **manière presque industrielle de travailler : tous les élèves réalisent la même tâche au même moment.** Qu'il s'agisse d'écriture, de lecture, de métallurgie et même… d'art ! Tous de peindre le jaune en même temps ! Tous de fabriquer un clou en même temps ! Tous de lever leur cahier sur lequel ils avaient écrit la lettre A en même temps, à la demande de l'enseignant ! Et surtout, **aucun choix dans les activités pratiquées, pourtant multiples : l'emploi du temps est fixe, de 6 à 18 ans.** En conséquence, dans la plupart des classes, la moitié des élèves ne suivent pas le cours : en danse, certains se cachent derrière les rideaux ; en cours de français, au secondaire, d'autres lisent des livres ou écoutent de la musique discrètement, quand… ils ne dorment pas tout simplement.

Cette uniformisation est finalement peu étonnante lorsque l'on sait que la première école Waldorf fut ouverte en 1919 pour les enfants des ouvriers d'une usine allemande, alors que la standardisation des tâches en usine faisait fureur. Pour moi, l'école Steiner ne m'a pas ainsi paru, dans ce que j'ai pu en voir, remplir vraiment son objectif premier (façonner un individu complet, en formant son cœur, sa main et sa tête). Du fait du manque de choix possible dans les enseignements, les élèves que j'ai vus à Cologne et à Fribourg ne suivaient pas et n'apprenaient donc souvent pas grand-chose (quel niveau désastreux en français et en espagnol par exemple, et ce malgré des enseignants, eux, compétents ! En musique, quelle médiocrité ! Certes, tous savent jouer trois notes au violon, suivre une partition simple, mais est-ce cela la musique ? Est-ce en voulant forcer tout le monde à jouer trois notes au violon ou au violoncelle que l'on développe la fibre artistique ?). Pour moi, à l'école Steiner, la moitié du temps des élèves est ainsi gâchée. Et donc la moitié de leur potentiel ! Précisons tout de même qu'il en va autrement dans les jardins d'enfants Steiner, où les groupes sont bien plus petits et les élèves beaucoup plus libres.

À l'inverse des écoles Montessori où les élèves décident de ce qu'ils font parmi un nombre restreint d'activités, chez Steiner, aucun choix n'est possible parmi un nombre dantesque d'activités. Ne pourrait-on trouver un judicieux équilibre ?

Chez Freinet enfin

Chez Freinet, s'il est vrai que le rythme individuel et les envies des élèves sont mieux respectés, que la coopération mise en place est un vecteur de motivation, que les apprentissages sont bien plus souvent rattachés à la réalité, j'ai constaté que « *l'arrière-pensée de l'activité reste toujours celle d'objectifs qui n'appartiennent pas aux enfants* ».[72] En effet, c'est l'enseignant qui décide des apprentissages proposés en classe en fonction des programmes nationaux, de l'emploi du temps de la classe, de l'espace horaire dédié au travail dans chaque discipline… suivant ce qu'il pense, en tant qu'adulte « éclairé », être bon pour les élèves… Pour ce qui est de la liberté de choisir ces activités, comme chez Montessori, en fait de projet individuel de l'élève, **il ne s'agit que de « *se programmer, certes librement, une activité parmi celles proposées***

***mais "à faire" de toutes façons* ».[73] Les objectifs justifiant chaque apprentissage sont ceux de l'enseignant et donc, à travers lui, ceux de l'institution qu'il représente.** Le fait que Freinet ne tolère pas « la pédagogie du jeu » est d'ailleurs assez significative d'un paradoxe : celui d'accorder la liberté à l'enfant, considéré comme un individu comme un autre, tout en voulant lui retirer dès le plus jeune âge l'un des plaisirs les plus naturels que l'on retrouve chez toutes les espèces de mammifères : le fait de jouer sans objectif précis.

Écoles Steiner, Montessori : des pédagogies alternatives figées… au point d'en devenir classiques !

On pourrait me rétorquer que mes constats ne valent que pour les quelques écoles que j'ai observées, qu'elles dépendent du contexte local, des enseignants, etc. C'est vrai chez Freinet puisque, comme je l'ai déjà évoqué, la plupart des enseignants « freinétiques » travaillent individuellement, au sein de l'Éducation nationale, et que l'ICEM n'effectue aucun contrôle sur des pratiques volontairement multiples.

Mais en ce qui concerne les établissements Montessori et Steiner que j'ai observés, il en va autrement. L'essence même d'un mouvement pédagogique est de garantir que ses praticiens suivent les préceptes de son fondateur. Ce qui fait sens en soi : il serait peu honnête de faire payer des milliers d'euros à des parents sous l'enseigne Montessori si ce qui est pratiqué en classe s'éloigne de ce que professait la doctoresse – même chose pour Steiner. Aussi bien chez l'une que chez l'autre, les seuls éléments qui peuvent varier d'un pays à un autre c'est la taille de l'établissement et la nature de ses financements, publics ou privés. L'agencement de l'espace et la didactique sont en revanche identiques d'une région du monde à une autre.

Dans les faits, en ce qui concerne tout d'abord les écoles Montessori, les établissements qui se revendiquent de la pédagogue italienne se battent pour défendre l'adéquation parfaite des pratiques dites « Montessori » avec les écrits de celle-ci. Par exemple, en France, l'Institut supérieur Maria Montessori (ISMM) et le Centre formation Montessori francophonie sont les seuls centres de formation français agréés par l'Association Montessori internationale (AMI), association fondée en 1929 par Montessori elle-même dans le but de « *continuer de faire connaitre son travail et de défendre l'intégrité de son travail* », précise le site du mouvement. L'AMI garantit aux participants que la formation est « authentique » et surtout « à peu près identique » partout dans le monde, et délivre en fin de cursus le diplôme d'Éducateur Montessori International, qui atteste de la conformité de la formation reçue avec les préceptes de la pédagogue (une charte des établissements Montessori de France a également été mise en place par l'ISMM et l'Association Montessori de France, affiliée à l'AMI). « *Les écoles signataires de cette charte doivent avoir plus de 3 ans d'existence et elles peuvent alors s'engager volontairement dans une démarche d'amélioration continue de la qualité pédagogique et de respect des valeurs Montessori. Seules les écoles ayant signé la charte peuvent utiliser les logos de l'AMF et de l'AMI* », précise l'AMF. L'objectif des écoles qui se revendiquent de la pédagogie Montessori est donc en toute logique d'être homologuées. Cela rassure en effet les parents. Notons que cette manière de contrôler ce qui se fait dans les écoles Montessori et les centres de formation se retrouve dans à peu près tous les pays où se trouvent des écoles de ce type. Une école Montessori agréée par l'AMI à Buenos Aires est identique à une école Montessori agréée à Naples.

Donc oui, **les écoles Montessori (au moins celles homologuées par l'AMI ou les associations nationales) fonctionnent de manière quasi identique, partout dans le monde**. Les conclusions que je tire de mon expérience dans les classes que j'ai vues en France, au Canada et en Autriche sont les mêmes, et il y a fort à parier que je pourrais encore visiter d'autres écoles de ce genre sans que mes observations soient bien différentes.

En ce qui concerne les écoles Steiner, on l'a vu, elles s'inscrivent dans le mouvement général de l'anthroposophie. La formation des professeurs se fait au sein d'instituts qui enseignent les valeurs et idées de ce mouvement, ainsi que ses grands mythes. Rappelons que l'anthroposophie résulte exclusivement de la pensée d'un homme, Rudolf Steiner, dont les dogmes ne sont pas questionnés par les anthroposophes. Les « Conseils » de Steiner aux professeurs de la première école Waldorf à Stuttgart sont encore étudiés lors des formations à la pédagogie Steiner. Tout – du contenu de l'enseignement à la discipline, en passant par l'organisation de l'espace, les rituels, les relations avec l'extérieur et les valeurs véhiculées – est prescrit par le penseur lui-même. Une école qui se dit Steiner ne pourrait pas faire abstraction de ses préceptes.[74]

Cette absence de remise en question et de sens critique interroge inévitablement et je fus particulièrement attristé de l'observer au sein des deux plus grands mouvements d'écoles alternatives du monde... **N'est-il pas totalement paradoxal d'aduler une pédagogue pour son esprit révolutionnaire et sa modernité tout en refusant d'exercer sa pensée critique, de s'intéresser aux avancées scientifiques qui peuvent contribuer à apporter un nouvel éclairage afin d'améliorer ses pratiques, de faire preuve d'initiative ?**

Finlande, Nouvelle-Zélande : vers d'autres modèles plus souples...

Insatisfait, je me tournais vers le pays dont on parle tant, la Finlande. Dans cette petite république du Nord, selon les enquêtes internationales, non seulement les élèves ont de très bons résultats, mais ils travaillent peu et, surtout, ils sont heureux.[75] Cette perspective ne pouvait que m'enchanter.

Là-bas, au primaire et au secondaire, sur 7 établissements visités, mon constat est le suivant : **si les locaux et les équipements sont modernes, il n'en va pas de même des méthodes pédagogiques**. Les élèves passent, comme en France, le plus clair de leur temps assis devant leur professeur à exécuter les tâches qu'il leur attribue. Presque personne ne participe en classe, beaucoup ignorent l'enseignant et écoutent de la musique ou discutent discrètement ; l'enthousiasme pour les disciplines scolaires est très faible. Les travaux sont notés. Les enfants étrangers peuvent rester des années dans des classes à part, alors même qu'ils parlent finnois couramment. Quasiment tous les élèves de primaire

Des enfants de CM2 travaillent sur leurs projets en petits groupes à l'école d'Eestinkallio en Finlande.

auxquels je me suis adressé rêvent de devenir « Youtubeur » ou « Instagram girl »… Surtout, je ne trouvais aucun enseignant capable d'expliquer pourquoi la Finlande est si bien classée à l'enquête PISA, ou la raison pour laquelle l'établissement investissait des dizaines de milliers d'euros dans les nouvelles technologies. Un tel manque de recul, de la part de ceux que l'on adule en Europe, c'était bien là la pire de mes déconvenues !

Tout de même, deux écoles d'Espoo me semblent être extraordinaires. Non parce que leurs méthodes sont hors du commun, mais parce que les élèves y sont particulièrement joviaux, dynamiques et curieux. Dans ces écoles, l'enfant dispose d'une plus grande liberté. Il peut, par exemple, travailler allongé par terre, assis dans un pouf. Il est assez libre dans le choix de ses exercices, du mode de présentation de ses travaux, de ses thèmes d'étude au sein d'une discipline (ou même, plus largement, d'un domaine puisque les disciplines tendent à perdre de l'importance dans le programme scolaire de 2016 au profit d'un travail transdisciplinaire thématique).

Globalement, **en Finlande**, puis par la suite **en Norvège**, même dans les écoles aux pratiques peu innovantes, **j'ai été positivement frappé par le fait que la performance scolaire et la « formation du bon citoyen aux besoins de l'économie » ne soient pas un enjeu particulier**. Le bienêtre des enfants dans l'immédiat est au centre des préoccupations des enseignants et du gouvernement : les élèves sont en récréation toutes les 45 minutes ; ils n'ont pas cours l'après-midi, quasiment aucun devoir – même au lycée – ; ils mangent bien (et gratuitement) au self, ont de nombreux cours d'activités manuelles et artistiques de qualité, ne sont pas mis en compétition par le biais de classements, ont à leur disposition de grands et beaux espaces de détente, sont aidés à être plus paisibles ou plus affirmés par le biais de la médiation par l'animal…

Là, je commençais à comprendre ce qui manque à l'école traditionnelle : s'attacher à rendre l'enfant heureux *dès maintenant*. Je réalisais que les différentes attitudes que j'avais pu relever ces dernières années, les comportements de ces jeunes plus ou moins violents, plus ou moins curieux, enthousiastes ou créatifs, sont la manifestation d'élèves simplement plus ou moins heureux et épanouis.

Il m'apparaissait alors très clairement qu'il était vain et néfaste de prétendre que la frustration actuelle qu'on inflige à l'enfant en le rendant passif et docile aurait un but noble : son épanouissement professionnel futur. Cet épanouissement futur qu'on promet à l'enfant à condition « qu'il travaille bien » ne va pas sans un épanouissement au présent. Car un enfant heureux est un enfant qui apprend mieux, la recherche l'a démontré.[76] Or **un enfant que l'on frustre, que l'on coupe dans toutes ses envies, de tous ses besoins primaires de mouvement, peut difficilement être heureux.**

Je finissais mon voyage en visitant des écoles publiques en Nouvelle-Zélande, autorisées à pratiquer une pédagogie spécifique. Là-bas, les élèves étudient ce qu'ils veulent (selon des modalités que je précise dans la seconde partie du livre, p. 83 et suiv.), tout en vivant une vie communautaire intense. **Ces écoles ont fini de me convaincre que nul n'était plus apte à déceler ce qui le rend heureux que l'enfant lui-même. Et que dans des conditions d'apprentissage libre, collaboratives et respectueuses d'autrui, les enfants apprennent mieux, et avec joie.**

Je fus rassuré de constater que l'accès à ces écoles est entièrement gratuit et ne génère pas de frais plus élevés pour la collectivité qu'une école traditionnelle. Elles sont accessibles à des élèves issus de milieux très variés, ce qui m'a semblé indiquer que les méthodes pratiquées devaient être valables avec tout type d'élève. C'est une bonne nouvelle ! En effet, on a beaucoup reproché aux écoles alternatives de pratiquer des pédagogies bourgeoises, puisqu'elles étaient souvent payantes.

Ces écoles relèvent, à des degrés différents, de ce que l'on appelle les « écoles démocratiques », une utopie pour moi jusqu'à ce que j'entreprenne mon voyage. Une description des origines et pratiques de ce type d'établissement s'impose.

Les écoles démocratiques
Origine et pratiques

Deux hommes au destin extraordinaire, **le Russe Léon Tolstoï** (1828-1910) **et le Polonais Janusz Korczak** (1878-1942), **sont à l'origine des premières expériences qui s'apparentent à ce que l'on appelle aujourd'hui des écoles démocratiques**.[77]

Le premier est plus connu pour ses talents d'écrivain que pour son œuvre pédagogique, pourtant considérable. En 1859, Tolstoï ouvre une école destinée aux enfants des serfs (devenus hommes libres en 1861) sur ses terres, à Iasnaïa Poliana. Il effectue peu de temps après un tour de l'Europe avec en tête une question simple : « Quoi enseigner et comment ? » Il va aussi bien découvrir des écoles traditionnelles locales que les premières initiatives de réformateurs comme le Suisse Pestallozi (1746-1827), précurseur de la pédagogie moderne, ou l'Allemand Fröbel (1882-1952), précurseur de l'école maternelle dans le monde. Mais il est globalement déçu car il ne veut pas d'une école qui éduque en fonction d'une idéologie particulière.

Il condamne le fait que l'adulte cherche à forger la personnalité de l'élève.[78] Il prône « *la non-immixtion de l'école dans la formation des croyances, des convictions, du caractère de celui qu'on instruit. Cette non-immixtion s'obtient en laissant à l'élève l'entière liberté d'accepter l'étude qui est conforme à ses exigences, de l'accepter tant qu'elle lui sera nécessaire et tant qu'il le voudra, et de s'en affranchir dès qu'elle ne lui sera plus nécessaire et qu'il ne le voudra plus* »[79].

Pour Tolstoï, c'est seulement en fonction des élèves, ici et maintenant, qu'une méthode pédagogique se définit, et non en fonction d'une doctrine pédagogique et encore moins pour répondre à des intérêts d'ordre économique, politique ou religieux : « *Pour les études, la conséquence était qu'aucune méthode n'était acceptée ou rejetée suivant qu'elle plaisait ou déplaisait, mais seulement parce que les élèves l'adoptaient sans aucune contrainte.* »[80] Dans ses écoles, les élèves sont donc libres d'assister ou non aux leçons, et celles-ci évoluent en fonction de leurs réactions : « *Un maitre ne se permettait jamais de penser que les élèves étaient coupables de l'insuccès, que c'était leur paresse, leur dissipation, leur bêtise, leur surdité, leur bégaiement qui en étaient cause, il était convaincu que lui seul en était coupable, et à chaque défaut de l'élève – ou des élèves – il tâchait de trouver un remède.* »[81]

Pour autant, dans la vingtaine d'écoles fondées par Tolstoï, il y a bien des cours, des leçons d'alphabétisation, de mathématiques, de sciences naturelles, d'histoire et de géographie.[82] Seulement, les élèves sont libres d'y aller ou non, et l'enseignant modifie sa méthode en fonction des discussions qu'il a avec les élèves : « *Malgré leur jeunesse, les écoliers sont des êtres humains qui ont les mêmes besoins que nous et pensent de la même manière que nous ; ils veulent tous apprendre. C'est pour cela seulement qu'ils vont à l'école, et c'est pourquoi il leur sera très facile d'aboutir à la conclusion qu'il faut, pour apprendre, se soumettre à certaines conditions.* »[83]

Le second père des écoles démocratiques, **Janusz Korczak**, est pédiatre et écrivain. En 1899, il part en Suisse pour observer les hôpitaux et salles de lecture pour enfants et étudier la pédagogie de Pestallozi. Après des années à officier comme médecin, il fonde en 1911 à Varsovie un orphelinat pour enfants juifs, véritable « République d'enfants ». Là, il **dote les orphelins d'un parlement, d'un tribunal et d'un journal**. Si les enfants ont de nombreuses obligations, ils ont autant de droits, notamment celui de décider des règles de l'établissement et de s'auto-organiser. Janusz Korczak sera assassiné en 1942 à Treblinka, en même temps que les enfants de son orphelinat, qu'il se refusera à abandonner le jour de leur déportation.

Les écoles démocratiques aujourd'hui

En combinant les apports de ces deux écoles, on parvient à comprendre les écoles démocratiques contemporaines. S'il existe bien un réseau « d'écoles démocratiques » européen, cette expression désigne en revanche des réalités variées en termes de pratiques pédagogiques. Néanmoins, deux principes sont propres à ces établissements :

1) Permettre aux enfants de faire leurs propres choix concernant leurs apprentissages et activités.

2) Les rendre responsables de leur environnement et de leur vie en leur reconnaissant le droit d'avoir une influence véritable sur le fonctionnement de leur établissement.

Selon les écoles, les élèves auront simplement le choix entre aller dans des cours traditionnels et jouer dehors (comme cela se pratique encore à **Summerhill,** la légendaire école fondée en 1921 par **Alexander Sutherland Neill** (1883-1973) en Angleterre) ; ils pourront s'inscrire à des classes toutes optionnelles, en s'engageant sur une certaine durée ; ou ils pourront solliciter à l'envi leurs enseignants pour apprendre telle ou telle chose ; ou bien encore ils travailleront en permanence, mais à l'élaboration de projets personnels.

Si certains estiment que des prérequis commun à tous sont nécessaires, pour d'autres il est dangereux de vouloir formater l'enfant en fonction de notre propre conditionnement d'adulte…

C'est aussi la place de la coopération qui varie d'un endroit à l'autre. Tout comme la place des élèves dans le processus décisionnel (certaines écoles vont même jusqu'à laisser le conseil de l'école, majoritairement constitué d'enfants, décider des embauches de personnel…) ; ou encore les institutions mises en place pour régler les conflits.

On le voit, **s'il existe bien UNE école Montessori, UNE école Steiner, et même dans une certaine mesure UNE école Freinet idéale, l'école démocratique, quant à elle, peut prendre de nombreux visages.**

Selon l'EUDEC (European Democratic Education Community), il y aurait environ **70 écoles démocratiques en Europe,**

dont 7 en France. Si la plupart d'entre elles sont minuscules et privées hors-contrat avec l'État, il y a des exceptions telles que le lycée public autogéré de Paris et le lycée expérimental de Saint-Nazaire. On pourrait aussi prendre en compte « l'École du Troisième Type » de l'instituteur de l'Éducation nationale Bernard Collot.

À l'échelle du monde, **c'est aux États-Unis que les écoles démocratiques sont les plus représentées,** suivis de pays comme l'Allemagne, Israël, l'Australie et les Pays-Bas. Si certaines de ces écoles se reconnaissent dans la méthode développée par **Daniel Greenberg** (né en 1934) à partir de 1968 dans son école de la **Sudbury Valley** à Framingham, aux États-Unis[84], la plupart des écoles démocratiques ne suivent pas le dogme d'un individu en particulier. C'est le cas des deux écoles démocratiques que je visitais en Nouvelle-Zélande, dont j'aurai l'occasion de parler amplement dans la seconde partie de ce livre (voir p. 83 et suiv.).

Que dit la recherche sur ces écoles « libres » ?

Alors qu'au sein des écoles démocratiques les élèves choisissent eux-mêmes leurs activités, **les études concluent que les jeunes issus de ces établissements n'ont aucune difficulté particulière à passer les examens nationaux quand ils le souhaitent ; à être admis dans l'enseignement supérieur et à s'adapter ensuite à des méthodes d'enseignement plus classiques.** Ainsi, selon une étude de Peter Gray parue dans le *Journal Américain de l'Éducation*, les anciens élèves suivent des carrières très variées et estiment généralement que l'école démocratique leur a été bénéfique pour être heureux dans leur métier et leurs études. Ce type d'éducation leur aurait en effet permis de développer leurs intérêts tout en favorisant la naissance de qualités telles que le sens des responsabilités, l'esprit d'initiative, la curiosité et la capacité à échanger avec des interlocuteurs très divers.[85]

Au Royaume-Uni, même constat. En 2001, le secrétaire d'État en charge de l'Éducation et de l'Emploi, David Blunkett, demande à l'inspecteur Hannam de mener une étude sur l'impact d'une gestion démocratique. Dans tout le pays, moins d'une vingtaine de collèges/lycées publics du secondaire ont fait le choix de donner un réel pouvoir décisionnel à leurs élèves. Les résultats y sont supérieurs aux attentes des chercheurs et de l'institution : les élèves réussissent bien mieux aux tests nationaux du GCSE (certificat général de fin d'études secondaires) que les écoles témoins. Selon les chercheurs, ces élèves se distinguent sur plusieurs plans : plus grande confiance en eux, autodétermination et autonomisation bien plus élevée. Ce qui expliquerait au moins en partie les meilleures performances scolaires.[86]

Rappelons cependant que **dans les écoles démocratiques, la performance scolaire lors d'examens standardisés n'est pas une priorité. Ce qui compte avant tout, c'est que chacun puisse trouver sa voie pour être heureux, épanoui et responsable tout au long de sa vie !**

Grâce aux écoles démocratiques néo-zélandaises, j'avais fini par découvrir que quand le jeune n'est plus la projection de ce que ses parents ou la société attendent de lui, lorsqu'il peut laisser libre cours à sa curiosité naturelle, alors il ne demande qu'à explorer des domaines bien plus vastes que ceux qu'on aurait pu arbitrairement imaginer pour lui. Cette curiosité naturelle, que l'on retrouve chez tous les jeunes enfants qui ne cessent de poser des questions, l'école traditionnelle – mais aussi, dans une certaine mesure, certaines écoles alternatives – l'éteint rapidement.

Quelle école pour quelle société ?

J'en suis venu à construire une première conception de l'école et de la société qu'elle implique. La chose a son importance puisque, après mon voyage, je passai le concours de recrutement des professeurs des écoles, le réussissai et fus nommé professeur des écoles stagiaire. Il était donc nécessaire que je tire un premier enseignement clair de mes expériences passées.

On n'a nul droit de faire souffrir l'enfant au prétexte que « c'est bon pour son avenir ». Nul droit de lui infliger de longues heures d'études à propos de choses qui ne l'intéressent nullement. Nul droit de lui infliger de rester assis des heures alors qu'il a bien d'autres envies et besoins bien naturels. Nul droit de lui infliger de se faire durement sermonner parce qu'il a des mauvaises notes.

Je crois plus positif que l'élève apprenne en fonction des intérêts qui naissent en lui au fur et à mesure de ses rencontres et expériences, et non en fonction d'une certaine idée qu'on se fait de lui, de son futur et de la société dans laquelle il vivra. Il s'agirait de concevoir une école capable de s'adapter à l'aspect singulier de chaque enfant, de lui permettre de développer des projets personnels épanouissants et de lui faire acquérir des savoirs en fonction de ceux-ci. Au-delà de simples lubies spontanées et éphémères, petit à petit l'élève construira son projet de vie, découvrant au fur et à mesure sa ou ses vocations. Ce n'est pas grâce à des individus ayant tous reçu la même instruction que la société s'améliorera et sera profondément pacifiée, mais grâce à des personnalités accomplies et diverses, maitresses de leur vie depuis leur plus tendre enfance.

Cette conception des choses peut faire peur, car on peut à juste titre se demander quel serait le rôle de l'adulte dans ce processus d'apprentissage fortement autodéterminé. Pourtant, **même dans un tel cadre, l'enseignant ne disparait pas.** En effet, je ne pense absolument pas que l'adulte n'ait rien à apprendre aux enfants. Je lui vois deux rôles principaux.

Les deux rôles de l'enseignant

Garantir les conditions d'un épanouissement individuel

L'enseignant aide les élèves à s'épanouir en organisant le milieu d'apprentissage pour qu'il soit riche en occasions de s'émerveiller et d'apprendre selon ses envies, tout en permettant aux élèves de grandir dans l'autonomie la plus grande. Il veille à limiter le conditionnement des élèves, il favorise la réflexion, les découvertes, l'échange. Il aide chacun à se découvrir des passions. Il encourage les raisonnements originaux et critiques, il guide l'élève dans ses projets, il étaye l'apprentissage lorsque le jeune n'est pas en mesure d'avancer seul. Bref, il intervient quand c'est nécessaire, quand les enfants ont besoin de lui pour progresser et font face à des difficultés insurmontables. La didactique ne disparait pas !

Mais il ne se désole pas de ce que l'élève ne soit pas attiré par telle ou telle activité, par tel ou tel savoir. Le jour où ce savoir sera nécessaire à l'élève – si ce jour advient –, alors sa curiosité, sa capacité à apprendre lui permettront de maitriser cet apprentissage comme n'importe quel autre. À un tel élève, rien ne semble hors de portée.

Garantir les conditions d'un épanouissement collectif

L'enseignant est également le garant de la sécurité physique et affective de tous. il donne aux enfants des outils pour résoudre leurs différends, il s'assure que nul ne prenne l'ascendant sur autrui, que personne ne souffre par la faute des autres, que le cadre de vie soit chaleureux et accueillant pour tous.

L'intervention de l'adulte pour faire émerger compétences sociales et sentiment de responsabilité vis-à-vis d'autrui me semble indispensable. Rien ne semble indiquer en effet que l'enfant soit « bon par nature », pour reprendre l'expression de Rousseau, et qu'il suffirait de le laisser vivre seul pour qu'advienne une société pacifique et égalitaire. Au contraire, les « qualités morales » telles que l'altruisme, le courage et la générosité dépendent en partie de la nature, mais surtout du milieu au sein duquel on grandit.[87] En l'absence d'adultes, il se pourrait bien que l'avènement à l'école d'une société enfantine comme celle décrite dans le roman *Sa Majesté des mouches* de William Golding soit ce qui nous attend. Que le pouvoir soit pris par les plus forts aux dépens des plus faibles, que la violence soit le quotidien. Il faut donc que les adultes qui évoluent autour de l'enfant l'aident à percevoir les qualités d'une vie où chacun respecte et aide son prochain, ou au moins s'abstient de faire souffrir autrui par sa conduite. Cela ne passe pas nécessairement par des grands discours, mais en attirant l'attention de chacun sur les situations que déclenche son comportement. Cela passe aussi par l'instauration d'une culture de l'entraide et de la communication, élément que j'aborderai au chapitre 3 de ce livre (voir p. 107 et suiv.).

Comme je l'ai écrit plus haut, chaque système éducatif découle du rôle que l'on attribue à l'école, qui lui-même découle d'une certaine vision du monde. Durant mon voyage, j'ai eu l'occasion de réfléchir et de revoir entièrement « ma » vision du monde. D'elle découle l'école que je défends, fruit de mes rencontres et observations dans différents pays du monde.

Puisque chacun a une conception personnelle de ce qui l'épanouit dans la vie, mon idée est que ce n'est certainement pas à l'État ni à ses institutions de nous dicter la manière dont nous devrions occuper nos journées, dès l'instant que celle-ci n'a pas d'impact sur autrui. **Chacun doit pouvoir être libre de décider du sens qu'il donne à sa vie et des activités qu'il pratique. Ainsi, nul ne peut choisir à la place de l'élève ce qui va le rendre heureux.**

Bien sûr, les adultes savent des choses que l'enfant ignore. Nous pouvons les lui enseigner, s'il le désire. Mais qui sommes-

| Des enfants de CM2 en cours de sport à l'école d'Eestinkallio en Finlande.

nous, nous qui avons nos faiblesses et nos défauts, nous qui acceptons les inégalités et la misère sans toujours nous révolter, nous qui, par notre mode de vie, mettons en danger la planète et la survie de notre espèce, qui sommes-nous pour asséner à un enfant « Je sais ce qui est bon pour toi ! » et lui imposer certaines activités ? Ne sommes-nous pas nous-mêmes souvent confrontés à notre incapacité à nous épanouir dans notre vie ? Ne sommes-nous pas fréquemment incapables de faire les choix qui nous permettraient d'accéder à notre bonheur, indépendamment du conditionnement que nous avons vécu pendant toute notre jeunesse ?

L'école n'a, à mon sens, aucun autre but que de permettre à l'enfant de s'épanouir librement à travers ses activités, ses apprentissages et ses interactions avec autrui et son environnement. Il s'agit de le rendre heureux aujourd'hui et demain. Son libre développement est à limiter seulement s'il entrave le libre développement de ceux qui l'entourent.

L'école doit être un lieu ouvert, où chacun peut apprendre et faire ce qu'il veut avec le soutien de sa communauté scolaire (enseignants, parents et élèves), tout en développant un fort sens des responsabilités vis-à-vis d'autrui et du monde.

Certes, ce que je décris là va à l'encontre de la notion même de programme, et semble donc strictement incompatible avec l'école publique actuelle. Pourtant, des expériences de ce genre ont eu lieu au sein de l'Éducation nationale, dans ce que Bernard Collot appelle « les Écoles du 3e type ». Je crois que ce qui fait que ces quelques classes existent, c'est que les élèves, justement parce qu'ils y apprennent ce qu'ils veulent, développent des savoirs et compétences bien supérieurs à ce que l'on aurait pu attendre d'eux dans un cadre coercitif et normé. C'est du moins le constat que j'ai fait en Nouvelle-Zélande. Un constat confirmé par des études internationales.[88] Alors, même si, à mon sens, l'intérêt de cette pédagogie ne réside absolument pas dans la performance scolaire, il y a de quoi se rassurer quant à la possibilité de mettre en œuvre cette conception pédagogique au sein de l'école publique. Et c'est tant mieux ! Car **il est pour moi essentiel**

que les changements aient lieu non pas à la marge, mais au cœur de l'Institution.

On ne s'étonnera pas, j'espère, que je ne propose pas une « méthode clef en main » pour mettre en place les principes que je défends. Cela n'aurait aucun sens. D'une part, cela reviendrait à faire ce que je reproche aux pédagogies Montessori et Steiner : instaurer un dogme des plus stricts. D'autre part, même après des années de recherches et de tâtonnements auprès des élèves, toute « méthode » aura toujours l'obligation d'être adaptée à la personnalité de l'enseignant, adaptée à des élèves forcément différents, adaptée, enfin, au contexte de l'école (infrastructures, équipe pédagogique, soutien des parents, localisation…). Pour reprendre une expression de Célestin Freinet : ***« Il n'y rien de plus dangereux qu'une méthode qui se fixe, qui se fige dans sa forme, et qu'un auteur qui tient pour intangible son système "breveté". »***[89]

Dans la seconde partie de ce livre, on trouvera de nombreux exemples qui ne vont pas nécessairement aussi loin que ce que je professe. C'est que la majorité des écoles que j'ai visitées ne relevait pas de cet idéal. Si j'ai essayé de dégager une certaine cohérence dans les éléments que j'ai retenus de mon voyage, pour autant nombreux sont ceux qui ne nécessitent pas la mise en œuvre de la liberté d'apprentissage totale que je défends. La plupart des pratiques exposées ici peuvent s'intégrer de manière assez évidente dans le contexte de l'Éducation nationale et de ses programmes, d'où une mise en œuvre à court terme plus aisée. J'espère ainsi que tous les lecteurs y trouveront des éléments de réflexion et d'action.

J'ai intercalé entre chacun des chapitres une brève présentation des écoles visitées, et notamment de leur aspect extérieur et de leur fonctionnement général. J'attire l'attention du lecteur sur le fait que les aspects ensuite développés ne sont pas nécessairement tous présents dans ces établissements.

Partie 2

L'école ailleurs, l'école autrement

AO TAWHITI UNLIMITED DISCOVER CHRISTCHURCH, NOUVELLE-ZÉLANDE

Nombre d'élèves : 479 | **École :** publique

Liberté d'apprentissage, pédagogie de projet et « outdoor education »

Le bâtiment initial de l'école publique d'Ao Tawhiti Unlimited Discovery, détruit par un tremblement de terre, a laissé place à deux campus, l'un dédié à l'école primaire, loin du centre-ville dans un quartier résidentiel, l'autre au secondaire, sur un terrain appartenant à l'Université de Christchurch.

Au primaire, aucune barrière ne sépare le terrain occupé par l'école de la route. Les bâtiments de plain-pied en bois encerclent une grande dalle bétonnée et un gigantesque bac à sable, et sont eux-mêmes entourés de grands espaces de pelouse, d'un petit potager pédagogique et d'un petit bois d'épineux. Si l'on croise beaucoup d'enfants pieds nus ou en sandales (y compris par temps de pluie), ils sont tous coiffés d'une casquette ou d'un chapeau pour se protéger du soleil. La « salle des maitres » est aussi la « salle des parents » et la

« salle des enfants », puisque c'est là que tous les membres de l'école peuvent se retrouver pour discuter amicalement (quelle surprise pour moi que de voir cela !)

Au secondaire, là encore aucune barrière, aucun gardien, les élèves rentrent et sortent en toute responsabilité, et l'on ne craint nullement les intrusions malintentionnées. Les élèves peuvent d'ailleurs aller en ville faire des enquêtes ou des commissions sans adulte, par groupes de trois !

Cet établissement, public lui aussi, permet aux enfants d'apprendre ce qu'ils souhaitent tout en les exposant en permanence à de multiples opportunités d'apprentissage, grâce à Internet, aux livres, aux ateliers facultatifs proposés par les enseignants, les parents, des intervenants extérieurs rémunérés ou volontaires et par les enfants eux-mêmes.

Chapitre I
Une école synonyme de passion

1. Instaurer la liberté d'apprentissage

L'une des choses qui m'attristent le plus concernant notre système éducatif – dont les grands principes se retrouvent dans tous les pays du monde –, c'est que les élèves quittant le lycée n'ont pour la plupart pas d'envies professionnelles particulières, ne savent pas ce qui les intéresse dans la vie et se résignent à étudier des disciplines qui ne les font nullement vibrer. Ainsi, selon le ministère de l'Éducation et de la Recherche, rien qu'à l'université – vers laquelle s'oriente la grande majorité des bacheliers –, « *31 % des étudiants inscrits en L1 renoncent dès cette première année* ». Et sur le long terme, seuls 28 % des inscrits en première année de fac après leur bac en 2012 ont obtenu un diplôme de licence en trois ans. Ce taux monte à 41 % si l'on prend en compte les étudiants ayant eu besoin d'une année supplémentaire pour le décrocher.[1] La raison la plus souvent avancée dans le cas des décrochages est « un désintérêt pour la formation d'entrée dans l'enseignement supérieur », complète le ministère.[2] Mais pire, en 2016, le taux des 18-24 ans sortant sans diplôme ni solution était de 9,2 % ![3] Dans une société où le diplôme a son importance, ce n'est pas un avenir professionnel très réjouissant qui s'offre à eux.

Résultat de ces dysfonctionnements, beaucoup de jeunes finissent par être des individus frustrés, en perpétuelle quête de sens. Selon une étude du think-tank La Fabrique Spinoza, en 2016, à peine plus de la moitié des Français se disaient heureux dans leur vie. 18 % se déclaraient clairement même très malheureux ! Les étudiants sont le groupe de Français le moins heureux en moyenne.[4] Côté travail, 44 % des actifs déclarent ne pas trouver de sens à leur métier et 26 % disent s'ennuyer professionnellement.[5] Un portrait peu reluisant.

Je pense que c'est la conséquence d'un système où l'on n'a jamais donné l'opportunité aux élèves de trouver ce qui leur plait dans la vie, de se plonger dans un domaine qui les transcende, de se prendre en main plutôt que de suivre docilement l'emploi du temps qui leur est distribué en début d'année.

En somme, **l'École a trop souvent nié l'individu en voulant le conformer aux attentes de la société.** Attentes qui ne sont pas forcément à même de faire le bonheur des hommes.

Pourtant, comme je l'ai évoqué dans la première partie de ce livre, il existe de par le monde quelques centaines d'écoles qui permettent à chacun de découvrir ses passions dès le plus jeune âge, passions qui au fur et à mesure déboucheront sans aucun doute sur un parcours professionnel épanouissant. Ces établissements pratiquent la liberté d'apprentissage et s'inscrivent dans le mouvement des « écoles démocratiques », dont deux des modèles – l'école de Summerhill en Angleterre et la Sudbury Valley aux États-Unis – existent encore

Cette liberté d'apprentissage, comme je l'explique en introduction, je la trouvais dans deux établissements néo-zélandais, qui permettent aux élèves d'être à la fois instruits ET épanouis. Il s'agit des écoles d'Ao Tawhiti Unlimited Discovery et de Tamariki. Les élèves y sont libres d'apprendre absolument ce qu'ils veulent, sans restriction, mais avec des degrés variables de guidance par l'adulte d'une école à l'autre.

Si cette liberté d'apprentissage m'a tant surpris, c'est parce qu'elle remet profondément en cause le fonctionnement de l'enseignement tel que je le connais depuis la maternelle jusqu'à l'université. Elle interroge toutes les idées reçues que j'ai sur l'éducation et mon esprit n'aurait tout simplement jamais eu l'audace d'imaginer une telle chose possible si je ne m'étais pas retrouvé devant le fait accompli.

On n'apprend efficacement que lorsque l'on est intéressé, ou pour citer Célestin Freinet, « *on ne fait point boire le cheval qui n'a pas soif* »[6]. De nombreuses études sont là pour nous le rappeler. Or, comme l'ont démontré notamment Deci et Ryan, la motivation intrinsèque, celle qui nait en nous sans pressions externes (punitions ou récompenses), dépend principalement du sentiment d'auto-détermination qu'a l'apprenant.[7] C'est-à-dire qu'il est inutile de penser que l'on peut forcer un individu à s'intéresser à un sujet. Il faut que l'élève ait le sentiment d'avoir lui-même fait la démarche d'apprendre. La suite logique de ce raisonnement, c'est que **la motivation intrinsèque mène à un apprentissage supérieur et à de meilleures performances.**[8]

Pouvez-vous vous imaginer que l'on vous force, dès demain, à vous assoir avec trente autres adultes d'horizons différents, en rang d'ognons devant de petits bureaux pour

apprendre comment fonctionne – par exemple – le codage informatique en langage Java ou le mandarin ? Probablement pas, et pourtant, à l'heure où les entreprises françaises ne parviennent pas à recruter assez d'informaticiens et où tout, de l'économie à la logistique, passe par Internet, on pourrait arguer que cette compétence sera, dans un avenir proche, aussi importante pour se faire une place sur le marché du travail que de savoir parler anglais. De même pour le mandarin, langue la plus parlée dans le monde. Devrait-on pour autant obliger tous les élèves à suivre des cours de codage dès le primaire, et à s'initier aux sinogrammes ?

Comment peut-on décider de ce qui est essentiel pour les enfants et la société ? Le choix est forcément arbitraire et rarement pertinent. Et puisqu'on est bien incapable de dire quels seront tous les métiers du futur, et que seuls les jeunes, premiers concernés, sont légitimes pour décider de ce qu'ils souhaitent faire dans leur vie, autant abandonner la tentation de vouloir absolument « former les enfants au monde de demain » en décidant pour eux de ce qu'ils doivent savoir faire et connaitre. C'est pourquoi, de la même manière qu'on ne devrait pas vous forcer à apprendre le langage Java ou le mandarin sans que vous n'en ayez fait la demande, on ne devrait pas forcer un enfant à apprendre quelque chose qui ne l'intéresse pas. En donnant aux élèves la possibilité de choisir leurs sujets d'études, on les rend acteurs et maitres de leurs apprentissages et de leur vie.

Ainsi, pendant mon voyage, j'ai peu à peu acquis la conviction qu'il est illusoire de vouloir intéresser tous les élèves à un même sujet, tout comme on ne peut prétendre intéresser tout un groupe d'adultes à un même thème d'étude, voire à un même livre, à un même film... C'est pourtant ce que l'école propose à tous, quel que soit l'âge, toute la journée, tous les jours.

Pourquoi chercher l'uniformité quand on pourrait faire fructifier les différents intérêts et compétences de chacun, ce qui rendrait les échanges bien plus riches ? Permettre aux élèves d'être des spécialistes dans leur domaine – même de manière passagère, car les intérêts évoluent avec l'âge –, c'est faciliter le fonctionnement coopératif de la classe. Les élèves experts sont capables d'enseigner leurs découvertes à leurs camarades, de passionner d'autres élèves à leur tour. Et cette atmosphère d'entraide ne peut qu'être propice à des apprentissages plus nombreux que ceux d'une classe à fonctionnement classique.

Mais alors, concrètement, de quelle liberté d'apprentissage s'agirait-il en pratique ?

Les deux écoles que j'ai visitées en Nouvelle-Zélande présentent deux modes de fonctionnement différents.

L'école Tamariki (Christchurch, Nouvelle-Zélande), un exemple d'école démocratique

Dans cette école, aucune obligation d'apprendre à lire, écrire ou compter à tel ou tel âge. Ce qui ne veut pas dire pour autant que les enfants ne savent pas lire et écrire ! En effet, **il est faux de penser que dans un environnement où ils sont libres de choisir leurs activités, les enfants ne s'intéressent**

pas aux savoirs scolaires tels que l'écriture, les mathématiques, la biologie…[9]

Simplement, « *si tous les enfants finissent par apprendre à lire, écrire, compter, ça peut venir à onze ans chez certains* », m'explique une maman. « *Ma plus jeune fille a exprimé dès cinq ans l'envie d'apprendre à lire parce qu'elle voulait jouer aux cartes Yugiyo et qu'il lui fallait pour cela déchiffrer ce qui était écrit sur lesdites cartes. D'autres enfants ne s'y mettent que plus tard, quand ils réalisent qu'ils auront besoin de ça pour avancer au collège et surtout trouver un job qui leur plaise. Mais après tout, même si ça ne venait jamais, est-ce si grave, si l'enfant grandit heureux comme ça ?* »

Il est intéressant de mettre ce témoignage en lien avec les études qui démontrent que **les enfants qui commencent à apprendre à lire plus tardivement n'ont aucune difficulté à rattraper leur « retard »** ; ils dépassent même souvent ceux qui ont démarré plus tôt de manière contrainte.[10]

Une enseignante complète : « *On ne force jamais les enfants à apprendre quoi que ce soit, on attend qu'ils viennent à nous et nous pouvons alors leur délivrer, en petit groupe ou même en tête à tête si nécessaire, certains savoirs.* »

En dehors de ces temps d'apprentissages encadrés, les enfants s'adonnent, seuls, à des jeux. **Le jeu libre (c'est-à-dire sans implication de l'éducateur) est en effet considéré à Tamariki comme une forme d'apprentissage essentielle.** Intégration de règles, créativité, qualité d'écoute, patience, persévérance, etc. sont autant de compétences dont l'école souhaite doter les élèves afin d'en faire des « *individus épanouis contribuant efficacement et positivement à la société dans laquelle ils vivent* », comme le décrit le fascicule de présentation de l'école.

À Tamariki, j'ai vu peu d'enfants engagés dans des activités scolaires typiques telles que des exercices mathématiques, des rédactions ou des expériences scientifiques. Tout du moins jamais pendant plus de deux heures consécutives. Mais ici, tout le monde s'en moque. **L'idée première est que ce n'est pas aux adultes de décider de ce qu'un enfant doit apprendre, mais aux enfants eux-mêmes :** « *Comment peut-on s'attendre à ce qu'un enfant devienne un adulte responsable et motivé si l'on a toujours attendu de lui qu'il exécute simplement ce qu'on lui dit de faire ?* » En bref, il n'y a aucune hiérarchisation des savoirs et compétences. À Tamariki, chacun doit tracer son propre chemin, quel qu'il soit. En ce qui concerne l'insertion des élèves sortis de l'école dans la société, une enseignante explique : « *Cela ne pose pas de problème particulier : nos élèves, à douze ans, vont pour moitié continuer dans une école leur laissant une grande liberté de choix*[11] *et qui les prépare, s'ils le souhaitent, au NCEA.*[12] *Les autres se répartissent habituellement entre des collèges classiques et des établissements spécialisés en sports ou en arts. Tout dépend des envies de l'enfant et de ce qui semble le plus judicieux pour son avenir. Les élèves n'ont pas eu de difficultés particulières à s'adapter, pour la grande majorité d'entre eux.* »

Mais bien avant l'insertion dans le système éducatif classique et dans le milieu professionnel, ce qui compte pour les parents et les enseignants de l'école, c'est de « ***laisser les enfants être des***

enfants*. Ca ne dure déjà pas très longtemps, ce temps de liberté, alors c'est triste de vouloir couper court à cela, non ? La retraite est à 65 ans, bientôt à 67, alors ils auront bien le temps de travailler plus tard !* » ajoute, mi-espiègle, mi-désabusée l'une des éducatrices de l'école, une grand-mère replète aux cheveux blancs.

Le philosophe Krishnamurti approuverait sans doute en partie l'esprit de cette école, lui qui estime que ce n'est pas au gouvernement ou à quiconque de décider pour les individus de ce qui est bon pour eux. Selon lui, les programmes scolaires contribuent uniquement au formatage des individus, qui sont alors supposés avoir des savoirs « de base » identiques, au détriment du développement de leurs passions et talents.[13]

Si je trouve intéressante cette philosophie éducative, pour autant, je ne suis pas en total accord avec la pédagogie qui en découle. Selon Greenberg, le fondateur de l'école Sudbury Valley dont Tamariki partage les principes, les éducateurs doivent se garder d'exposer les enfants à des savoirs déterminés arbitrairement et donc ne proposer aucune activité tant que les élèves n'en n'ont pas fait la demande. Il s'agit d'attendre l'éruption spontanée d'idées et de ne conditionner d'aucune façon ce que les enfants deviendront. Le pédagogue considère que même si l'enseignant ne fait que proposer une activité optionnelle, il influence déjà l'enfant puisqu'il l'emmène sur une voie que celui-ci n'aurait pas nécessairement choisie autrement. Si l'adulte est ainsi passionné d'arts plastiques et qu'il propose ce type d'activité aux enfants, il le formate déjà, selon Greenberg.[14]

| Des enfants discutent des règles d'un jeu collectif à Tamariki.

Or je trouve que cette idée ne va pas au bout de ses principes. Elle passe outre le fait que les élèves ne sont pas formatés uniquement par les adultes et les apprentissages qui leur sont proposés. Il est en effet inéluctable et naturel que les individus, en grandissant, soient influencés d'une manière ou d'une autre dans leur développement. Le matériel mis à disposition des enfants est formatant, par exemple. Si je mets deux livres dans la bibliothèque, les élèves liront ces livres et seront conditionnés à voir le monde sous l'angle choisi par l'auteur. Si je mets un piano dans une salle, ils s'en saisiront et seront formatés à jouer du piano plus surement que de la clarinette… Surtout, le simple fait de mettre un enfant dans une école où il cohabite avec des camarades ayant déjà chacun des histoires et appétences particulières participe à un certain formatage. Il est en effet parfaitement naturel que l'enfant, au contact de ses camarades, se mette à écouter la même musique, jouer aux mêmes jeux, lire les mêmes livres, etc. Mais n'est-ce pas quelque chose de sain ? N'est-ce pas justement au contact de la vie et d'autrui, sans contrainte, que l'individu se forme et grandit en tant qu'individu ?

Cette réflexion m'amène à considérer comme **dommageable le fait que les écoles démocratiques telles que Tamariki ne cherchent pas à exposer les enfants à des domaines dont ils ignorent l'existence même.** Comment savoir que l'on a envie d'apprendre l'allemand si l'on ne sait même pas que cette langue existe ? Comment s'intéresser à l'architecture lorsque l'on ne sait pas ce que veut dire ce mot ? Comment savoir que l'on aimerait devenir vétérinaire ou garde forestier si l'on n'a jamais entendu parler de ces métiers ?

Aussi, si j'attribue de grands mérites à cette école, et notamment à la manière dont les conflits et le quotidien y sont gérés (voir les chapitres suivants), je lui préfère largement sa voisine, Ao Tawhiti Unlimited Discovery.

Ao Tawhiti Unlimited Discovery (Christchurch, Nouvelle-Zélande), la liberté d'apprentissage guidée par l'adulte

Cette école m'a paru plus inspirante pour qui travaille dans un établissement classique, avec de nombreux élèves originaires de milieux variés, un nombre limité d'adultes et surtout des directives nationales insistant sur les savoirs de base à transmettre. Une situation similaire à celle dans laquelle se trouvent les enseignants français du public et du privé sous contrat.

Les enfants d'Unlimited Discovery m'ont frappé par leur enthousiasme. Je n'ai jamais vu des élèves aussi passionnés que dans cette école, que ce soit au primaire ou au secondaire. Ni d'ailleurs autant d'élèves particulièrement doués dans certains domaines (l'écriture, le dessin, la peinture, la musique, les sciences appliquées, la philosophie pour les plus grands…). **Ils ne craignent jamais de s'engager dans de nouveaux apprentissages et sautent même littéralement de joie à cette idée.**

Voici l'organisation au quotidien que j'ai pu observer dans cette école, au primaire :

- **Temps personnalisés** lors desquels seuls, en petits groupes autonomes ou bien avec un enseignant, les enfants travaillent sur les thèmes qui les intéressent ou sur les *must-does*, ces compétences jugées « indispensables au travail en autonomie », à savoir la lecture, l'écriture et les mathématiques de base. Au secondaire, plus de *must-does*.
- **Temps communautaires**, en classe entière, voire avec toute l'école, pour travailler sur des projets transdisciplinaires en groupes, faire du sport ou encore présenter l'avancée de ses apprentissages aux pairs, enseignants et parents réunis en assemblée.

En début de semestre, chaque *learning advisor*[15] (LA) rencontre la vingtaine d'élèves qui lui est confiée lors de rendez-vous individuels de trente minutes. L'élève vient accompagné par ses parents. Avec eux, il a préparé un document présentant ses objectifs pour le semestre, ce qu'il souhaite apprendre. Cet entretien résume bien la mentalité de l'établissement : les parents et enseignants sont là pour conseiller l'enfant en fonction des besoins et intérêts de celui-ci.

Lors de cet entretien, l'attention se porte principalement sur ce qui deviendra le thème principal de la recherche de l'enfant (appelée *inquiry*) pendant une période de deux mois (voire l'année, en fonction du thème). Les élèves sont autonomes dans leur travail, mais ils ont la possibilité de s'associer avec des camarades ayant des thèmes de recherche similaires. Voici quelques thèmes de recherche de la « Homebase Phoenix », la classe des 9-11 ans :

- Apprendre à utiliser une imprimante 3D afin de réaliser des maquettes (l'élève en question avait déjà appris l'année précédente à tracer les plans de bâtiments et autres techniques architecturales).
- Tout connaitre des cochons d'Inde.
- Écrire un manga.
- Apprendre à parler français.
- S'initier au « Steampunk » (dessin, couture, participation à des évènements, etc.).
- Retracer les origines mythologiques des Pokémon.
- Écrire un roman d'aventures.
- Etc.

Toutes ces recherches doivent déboucher sur une réalisation : au moins une exposition à destination des élèves. Cela peut être également organiser un concours de cuisine, une quête au profit d'une association de défense des éléphants, amener l'école à rationaliser ses dépenses d'énergie, réaliser une BD… **Les enseignants aident les élèves à formuler leurs**

questionnements initiaux et à faire évoluer leur projet. Les élèves ne sont pas « laissés dans le vide », à moins d'être particulièrement doués en planification de projet. Une méthode précise[16] est suivie par les enseignants pour accompagner les avancées de leurs élèves. Ils n'hésitent pas à leur donner des conseils, des pistes de recherche. On a parfois l'impression de voir un professeur d'université guidant ses élèves dans leurs recherches pour un mémoire de mastère !

L'idée, **c'est qu'en travaillant sur les thèmes qui les intéressent, les élèves développent bien plus surement leurs compétences en lecture, écriture, réflexion critique, etc. qu'en suivant des leçons visant explicitement à développer ces compétences.** Les élèves sont en effet constamment en train de chercher des informations, de lire, d'écrire et d'organiser leur réflexion !

Certains enfants mènent, parallèlement à leur *inquiry*, des apprentissages complémentaires, principalement en langue, écriture et arts visuels, là encore en autonomie.

Lors d'une journée habituelle, au moins une heure et demie est consacrée à ces travaux personnels. Souvent plus, en fonction de l'autonomie des élèves.

Lorsque aucun des LA n'est compétent dans les domaines explorés, l'élève est alors invité à s'adresser à des professionnels du domaine qui l'intéresse. Il doit d'abord les identifier puis les contacter et organiser des rendez-vous *de visu* ou téléphoniques pour nourrir sa recherche. Lors de mon séjour d'un mois dans cette école, quatre jeunes de la « Homebase

Tandis qu'une enseignante fait un cours d'écriture avec un petit groupe de besoin (« must-do »), des enfants travaillent chacun à leur projet.

Phoenix » ont eu recours à ce procédé dès la seconde semaine de leurs recherches.

On notera aussi qu'une intervenante en mandarin est embauchée par l'école pour deux heures d'intervention par semaine auprès de huit enfants. Pour quatre autres qui souhaitaient apprendre à jouer de la guitare, l'école a fait appel à un professeur, rémunéré par les parents cette fois.

Au secondaire, des cours sont proposés dans des disciplines très variées, et les étudiants choisissent ceux auxquels ils souhaitent s'inscrire, peu importe leur âge. Plus aucun cours n'est obligatoire, contrairement aux *must-does* de la primaire. La seule obligation est simplement d'aller en cours, d'être actif dans ses apprentissages. Certains élèves peuvent passer le temps qu'ils souhaitent dans le studio de musique, prendre de nombreux cours de sciences, ou bien suivre un curriculum plus classique dans l'optique de passer l'équivalent du baccalauréat au terme de leur scolarité (un choix fait par un peu plus de la moitié des élèves). D'autres sont en stage pendant la majeure partie de l'année afin de découvrir les métiers qui leur plaisent le plus ; un partenariat est noué avec la Ballet School of Canterbury et un club de football afin de permettre aux élèves de combiner sport professionnel et études au quotidien. En plus des cours classiques, des cours de théâtre, de hip hop, de codage, de psychologie, de développement personnel et de production musicale sont proposés, ainsi que des cours en partenariat avec des écoles de Design et l'université de Canterbury. Tout cela avec un budget identique à celui de n'importe quelle autre école publique.

Il existe donc une grande flexibilité dans l'accompagnement des projets individuels mais, contrairement à ce qui se passe à Tamariki, **un rôle important est confié aux éducateurs concernant l'orientation dans les choix possibles et l'organisation.**

L'anecdote suivante est assez parlante : lorsque je proposais à la « Homebase Phoenix » des ateliers d'initiation au français, à l'allemand, à l'arabe, au russe, ainsi que des ateliers vidéo et cuisine, je trouvais des intéressés dans toutes les disciplines, et principalement pour l'allemand (alors que la Nouvelle-Zélande n'a pas de contacts particuliers avec l'Allemagne et que les élèves ignorent pour la plupart où le pays se trouve exactement). Lorsque je demandais aux étudiants s'ils avaient des liens avec l'Allemagne, les élèves furent interloqués que je pose cette question : « *Non, mais ça a juste l'air intéressant* », m'expliqua l'une d'entre eux ; « *Comme ça, on saura si on aime ou pas* », me répondit un autre. Et tous d'acquiescer.

Qu'y a-t-il de plus encourageant, pour un éducateur, que de voir des élèves qui veulent apprendre et qui n'ont pas peur de se lancer dans des activités à priori exigeantes ?

Mais que deviennent les élèves d'Ao Tawhiti ? La question me taraudait évidemment... Selon le directeur, **un peu plus de la moitié des étudiants passe le bac néo-zélandais et poursuit des études supérieures tandis que l'autre moitié décide de rentrer directement sur le marché du travail, souvent en se lançant dans des projets d'auto-entreprenariat**.

Au final, parmi toutes les écoles dont j'ai eu la chance d'observer le fonctionnement, c'est sans doute celle-là qui m'a semblé être la plus à même de répondre aux besoins et envies propres à chaque enfant tout en les stimulant grâce à une exposition constante à de nouveaux savoirs.

2. Respecter le rythme de chacun

La condition essentielle à la liberté d'apprentissage, élément essentiel de la motivation et donc des apprentissages, c'est de respecter le rythme propre à chaque élève. Dans *L'Enfant*, Maria Montessori insiste sur le fait que l'enseignant doit s'effacer pour ne pas « *se substituer à [l'enfant] dans les différentes activités que celui-ci aura à satisfaire avant d'atteindre la maturité* »[17]. Pour elle, c'est le choix de l'enfant « *qui, désormais, guidera tout* »[18] et, notamment, le rythme de ses apprentissages dans le cadre d'activités individuelles.

Comment le cours magistral classique peut-il prétendre respecter le rythme de chacun ? Le cours magistral, c'est le fait d'enseigner en exposant un contenu à ses auditeurs en une durée limitée. C'est l'enseignant qui parle pendant la majeure partie du temps, que ce soit pour expliquer un concept, poser des questions ou y répondre.

Même si certains auteurs estiment que la « pédagogie traditionnelle » est un mythe et que le cours magistral offre des possibilités d'interactions suffisantes entre l'enseignant et les élèves pour que ceux-ci apprennent les connaissances visées[19], on ne peut nier cependant que, **dans la majeure partie des écoles du monde (et notamment en France), les élèves passent le plus clair de leur temps assis à leur bureau attitré à exécuter les tâches qui leur ont été données.** Il faut écouter la leçon, faire les exercices en un temps imparti, poser des questions – mais pas trop, car le temps est compté – et il faudra ensuite passer au cours suivant, dans une autre discipline. Voilà les tâches de l'élève.

Pourtant, dès 1925, Célestin Freinet constatait que « *pérorer devant des élèves distraits, les contraindre à des travaux dont ils ne sentent pas le besoin et comprennent encore moins le but, n'est jamais que fort peu profitable. Une telle méthode a, de plus, le grave inconvénient de tuer de bonne heure toute initiative et toute joie au travail. La première qualité d'un enseignement est certainement d'être adapté aux élèves dont il a la charge. […] Si nous n'adaptons pas notre enseignement, ce ne sera qu'un flot de paroles qui parviendront presque indistinctes aux jeunes oreilles* ».[20]

Bien sûr, il y a toujours des enfants qui posent des questions lorsqu'ils n'ont pas compris (ou plutôt, qui répondent aux questions que leur pose l'enseignant pour s'assurer de leur compréhension). Mais l'expérience de tout pédagogue est d'acter que ce sont souvent les mêmes « bons élèves » qui interagissent avec le professeur. Celui-ci n'a alors que deux possibilités : ou bien il demande aux élèves qui sont en réussite d'attendre que les autres aient compris (mais alors ils ne progressent pas), ou bien il laisse ces élèves « performants » s'exprimer et n'aide alors pas les autres à comprendre ou à réfléchir.

Le cours magistral, me semble-t-il, ne permet à l'enseignant d'inculquer des connaissances à tous les élèves que dans le rare cas d'une classe homogène. C'est-à-dire lorsque tous les enfants sont en mesure de comprendre, à peu près au même rythme, ce qu'explique leur professeur. Lorsque les questions des uns font sens pour tous les autres. Autrement, l'enseignant fait faillite car tous ses élèves ne sont pas en situation de réussite.

Au CP, par exemple, l'enseignement de la lecture se fait généralement face à la classe, son après son, en commençant par les sons les plus courants. Mais certains enfants savent lire depuis la maternelle quand d'autres ont encore du mal à écrire ne serait-ce que leur prénom. Le cours frontal ne fait progresser que les élèves auxquels il s'adapte tout à fait. Avec cette méthode, l'enseignant aura beau être le plus dévoué du monde, il y aura toujours des élèves perdus.

La méthode d'enseignement classique, où l'enseignant parle

la majeure partie du temps devant la classe entière (que ce soit pour expliquer un concept, poser des questions ou compléter les réponses de ses élèves), ne permet guère de respecter le rythme d'apprentissage de chacun.

Il me semble possible – même lorsque l'on a l'obligation de suivre un programme détaillé – d'abandonner ce genre de cours classique au profit du travail individuel ou par groupes d'intérêt (à l'exception des cours collectifs de sport, d'interventions ponctuelles sur des thèmes inconnus de tous, de conseils de classe et d'activités mises en œuvre visant à faciliter le vivre ensemble). C'est, à mon avis, le seul moyen pour que les élèves puissent se trouver en permanence dans ce que Vygotski appelle la « zone proximale de développement ».[21] C'est aussi la seule modalité qui peut permettre une véritable différenciation. Selon Maria Montessori, c'est à l'éducateur de guider l'enfant vers des activités ni trop simples ni trop complexes, qui lui permettent d'avancer sans se décourager.

Sur le campus Montessori de Vienne, les élèves sont libres de répéter autant de fois qu'ils le souhaitent une activité, jusqu'à la maitriser totalement. Dans les petites classes, s'ils sont très rapidement attirés par l'apprentissage de l'écriture ou de la numération, l'éducateur leur présente immédiatement le matériel qui leur permettra d'explorer ces domaines – et ce, quel que soit l'avancement de leurs camarades. Au niveau collège aussi, chacun est libre d'avancer au rythme qu'il souhaite dans toutes les disciplines. En mathématiques par exemple, certains étudient Thalès pendant que d'autres, au même âge, tentent de résoudre des équations à plusieurs inconnues.

| Des élèves occupés à des tâches différentes à l'Académie Vaudrin.

Dans les écoles que je visitais à Espoo en Finlande et à Randaberg en Norvège, les élèves sont séparés par groupes de niveau (changeant en fonction du point spécifique abordé), sans que les enseignantes ne considèrent comme préoccupant le fait que certains d'entre eux avancent plus lentement. Lors des cours de menuiserie, couture et arts plastiques, les élèves de tous âges sont libres de réaliser des choses aussi complexes ou aussi simples qu'ils le souhaitent, en fonction de leurs talents, sans que les professeures ne s'inquiètent de différences de niveau et de rythme.

Lorsque je demandai à l'enseignante en couture de Viherkallio si cela n'était pas trop dur à gérer, celle-ci répondit : « *C'est un peu difficile à gérer avec les plus jeunes, qui débutent dans l'activité et qui ont souvent besoin d'aide tous en même temps, mais, une fois les bases acquises, les enfants parviennent à travailler en autonomie sur leurs projets. Je circule pour leur donner des conseils afin qu'ils s'améliorent, chacun en fonction de ses capacités. En général, ils préfèrent d'abord s'adresser à un camarade. De toute façon, on ne pourrait pas leur faire faire la même chose à tous ; certains s'ennuieraient parce que la tâche serait trop simple ou trop compliquée, donc hors de leur portée. Finalement, c'est toute la matière qui finirait par les ennuyer !* » L'enseignant est toujours présent pour donner des conseils, encourager les élèves en difficulté, permettre à chacun de progresser, quelles que soient ses prédispositions.

À Tamariki, j'ai pu constater que, sans soutien de la part des adultes, sans leurs conseils, les élèves ne persévéraient que dans très peu d'activités. C'est une chose de se lancer dans une tâche, c'en est une autre de persévérer malgré la difficulté, de savoir comment travailler de manière constructive et de bâtir un véritable projet d'apprentissage. Sans l'aide d'un éducateur à l'écoute, sans ses encouragements, ses conseils bienveillants, la tentation peut être grande d'abandonner la tâche qui semble inaccessible… Par exemple, je constatais que si un élève pouvait trouver ça « cool » de s'y connaitre en informatique, sans guide, il se décourageait très rapidement. Trente minutes sans conseils et certains élèves pouvaient complètement abandonner malgré leur enthousiasme initial. En bref, s'il faut laisser l'enfant avancer à son rythme – le laissant faire ses expériences par essai-erreurs –, en revanche, **une guidance de l'adulte est nécessaire pour que la motivation perdure et qu'elle débouche sur des apprentissages durables**. C'est à l'adulte d'aider l'élève à percevoir les informations nouvelles, à leur donner de l'importance et à les organiser afin que l'envie d'apprendre ne diminue pas face aux difficultés inévitables.

Pendant tout mon voyage, j'ai pu constater à quel point il est essentiel de respecter le rythme de travail de chacun pour que les élèves progressent constamment, sans se lasser ni être dépassés par certains apprentissages. En pratique, pour faciliter le travail en autonomie des élèves, il est nécessaire d'avoir recours à un aménagement particulier pour la classe (et même dans l'idéal, de l'école). C'est cet aménagement qui fait l'objet du chapitre suivant.

3. Aménager l'école pour favoriser l'autonomie

L'aménagement de la classe et de l'école est un point essentiel : il contribue à la mise en place d'une pédagogie de l'émerveillement et de la passion qui permet aux élèves de choisir les activités dans lesquelles ils s'engagent. C'est même la principale réponse aux interrogations que j'avais quand je me demandais comment mettre en place la différenciation pédagogique dans la classe.

J'ai constaté que **l'essentiel est avant tout que les activités proposées soient en libre accès**[22] **et que les élèves n'aient pas à attendre que l'enseignant leur attribue une tâche, ni à demander tel ou tel matériel. Il faut qu'ils puissent se saisir, à n'importe quel instant, de matériel, livres, fichiers**…

C'est bien sûr compliqué car cela implique que la classe soit entièrement aménagée dans ce sens dès le début de l'année, ce qui n'est pas possible lorsqu'on vient d'être nommé dans une nouvelle école ou que l'on n'a pas de classe attitrée. Cet aménagement demande beaucoup de matériel, d'argent et de réflexion. Donc du temps !

Les classes dont je vais décrire le fonctionnement sont toutes occupées par des enseignants qui y travaillent depuis plusieurs années. Elles sont donc très riches.

Dans les classes Freinet, des fiches autocorrectives plastifiées classées par niveau de difficulté sont accessibles à tout moment lors des phases de travail individuel. Chaque élève, muni de son plan de travail hebdomadaire personnalisé (en fonction de son âge et de son niveau), sait quelles activités il a à réaliser. Il va donc chercher seul les fichiers d'exercices dont il a besoin, en français ou en mathématiques, en fonction de son niveau et de son avancement dans son plan de travail. Il n'a pas à attendre que l'enseignant lui donne l'activité du jour. Dans la classe de Sabine, à Fernand-Labori à Paris, des dossiers pour tous les niveaux de l'élémentaire sont accessibles, et ce alors même que la classe ne comporte que des élèves de CM1 et CM2. « *Ce n'est pas parce qu'on est en âge d'être au CM1 qu'on a un niveau CM1. Certains élèves, pour différentes raisons, que ce soit leurs difficultés familiales ou leur récente arrivée en France, sont moins avancés dans certaines matières.* » Avec cet aménagement, ce n'est plus vraiment un souci, et tous sont occupés à des activités adaptées à leur niveau et à leur envie du jour.

Les classes Montessori du monde entier, quant à elles, sont connues pour leur aménagement qui favorise le travail en autonomie. En maternelle et lors des premières années d'école élémentaire, le matériel éducatif est disposé le long des murs dans des étagères à hauteur d'enfants, par niveau de difficulté (de gauche à droite, du plus simple au plus difficile). Par exemple, sur le campus Montessori à Vienne, dans les classes de niveau collège, les activités sont classées moins rigoureusement, mais là encore, elles sont toutes facilement accessibles aux enfants. Cela nécessite un nombre important de tiroirs, de classeurs, de disques, de livres, de matériel scientifique… **Les tables et les chaises prennent peu d'espace étant donné que les élèves ont aussi le droit de travailler au sol sur des tapis.** Ce qu'ils font d'ailleurs volontiers, et ce même pour des activités qui supposent de devoir écrire.

En Finlande, je me suis rendu compte que, outre l'accès libre au matériel, la disposition de tous les meubles (bureaux, chaises…) dans les espaces d'apprentissage est fondamentale. Au primaire, dans les écoles du pays, il est rare de voir des rangs de tables. En général, celles-ci sont regroupées en ilots, afin de faciliter le travail de groupe. Parfois, il n'y a même que très peu de tables et de chaises, celles-ci étant remplacées par des poufs, de confortables tapis et des coussins pour que chacun puisse être en activité dans la position de son choix. « *C'est eux qui voient si ça les aide de se tenir assis, allongé ou en tailleur. En général, passé onze ans, la plupart préfèrent garder la posture assise, ils veulent être sérieux* », s'amuse l'enseignante. « *Dans ma classe, je demande au début de l'année si certains veulent se débarrasser de leur table et de leur chaise au profit d'une balle de Pilates ou d'un pouf par exemple, cette décision étant toujours réversible. Tant qu'ils ne gênent pas les autres dans leur travail, je n'y vois pas d'inconvénient.* » **Pour les élèves plus jeunes, ce sont parfois même des tentes ou sortes de lits à baldaquin qui sont installés pour pouvoir s'isoler dans la classe !**

Pour les adolescents, c'est aussi le matériel de cuisine qui est en libre-service, un groupe d'étudiants différent étant chargé de préparer le repas pour la classe tous les matins.

Des espaces « décloisonnés », en dehors de la classe, sont aussi aménagés afin que les élèves puissent y travailler seuls ou en petits groupes. Ils sont situés dans des pièces à part, extrêmement confortables, mais le plus souvent dans les lumineux couloirs de l'école. Ces espaces sont facilement isolables grâce à des tentures amovibles. « *On essaye de sortir de la classe et de permettre aux élèves de travailler dans la position qui les arrange, parce que la recherche*[23] *a prouvé que c'était mauvais pour les enfants de rester dans la même position toute la journée.* », justifie l'enseignante des 6e à Viherkallio.

Au Canada, à l'école trilingue de Vaudreuil, des casques audio sont mis à disposition de ceux qui souhaitent se concentrer sur leur activité sans être dérangés par l'extérieur. Des casques coupe-sons sont aussi en libre accès pour ceux qui ne parviennent pas à travailler en musique. Cela permet à ces élèves de ne pas être dérangés par les discussions de leurs camarades qui travaillent en groupes à côté. Il en faut parfois peu pour permettre de travailler en autonomie !

En Angleterre, à Inwoods Small School, tout le matériel d'apprentissage est aussi en libre accès, et l'atelier de peinture de l'école m'a tout particulièrement marqué. Il fonctionne selon les principes imaginés par **Arno Stern, l'inventeur du « Closlieu » et de la « table-palette ».** Dans un lieu fermé, sans fenêtre, coupé du monde extérieur, les enfants peignent ce qu'ils veulent, sans aucune consigne, sur de grandes feuilles blanches punaisées à la verticale sur les murs. Au centre de la pièce, une table étroite sur laquelle sont disposés dix-huit pots de gouache de couleurs différentes et dix-huit pinceaux épais. **L'atelier fonctionne là encore en accès libre et l'enseignant n'a pas à intervenir autrement que pour en expliquer le fonctionnement.** Ainsi, les élèves n'ont pas à attendre qu'un adulte installe le matériel de peinture, ni qu'un sujet et encore moins l'autorisation de peindre leur soient donnés. Une folle économie de temps et un incubateur d'esprits créatifs ! [24]

À Ao Tawhiti, l'atelier de peinture est moins ambitieux, mais plus facilement accessible. Il s'agit d'un coin de la classe où deux élèves peuvent peindre à la gouache, à l'encre ou à l'acrylique, à tout moment. Lors des temps de travail libre, l'espace est constamment occupé. Un peu plus loin, une salle dédiée à la construction, pleine de matériaux variés et d'outils, est accessible aux élèves de toutes les classes, à condition qu'un adulte (en général un parent bénévole) soit disponible pour superviser l'atelier. Dans cette école – contrairement à ce qui

| Des enfants peignent dans le « clos-lieu » d'Inwoods Small School.

se passe chez Montessori ou Freinet –, toutes les activités de l'année ne sont pas directement accessibles, puisque les enseignants proposent tous les jours à des petits groupes d'élèves des activités ponctuelles et adaptées à leurs besoins.

C'est en revanche par le biais de centaines de livres et de tablettes numériques individuelles en libre accès que les élèves ont la possibilité d'être autonomes. C'est à ces derniers outils d'émancipation que je consacre le chapitre suivant.

4. Mettre les tablettes au service de l'autonomie

Tout membre de la génération Y que je suis, j'ai toujours été assez sceptique. Aussi, à l'école, je ne voyais pas l'intérêt des tableaux blancs interactifs (TBI) et des tablettes, en termes d'apprentissages. Si, à la limite, les TBI pouvaient faciliter la vie des enseignants, les tablettes quant à elles me semblaient parfaitement inutiles. Ce que j'avais vu jusque-là, c'était des enseignants qui usaient de ces outils comme de manuels scolaires, et ce malgré la richesse des manuels numériques : au lieu de dire « Ouvrez votre cahier page 28 et faites l'exercice de géométrie numéro 3 », ils disaient : « Allumez votre tablette, allez dans votre manuel numérique de mathématiques, cherchez la page 29 et faites l'exercice de géométrie numéro 3. » Il fallait alors cocher des cases au lieu de répondre à l'écrit, et je ne voyais franchement pas l'intérêt d'investir autant pour avoir ni plus ni moins qu'un cartable électronique. « Cartable électronique », c'est d'ailleurs le nom que portaient les premiers projets départementaux qui consistaient à équiper tous les élèves d'un ordinateur portable dans certains départements.

Pour moi, l'usage supplémentaire d'écrans dans le contexte scolaire, quand on sait le temps passé par les élèves devant ceux-ci (smartphone, télévision, ordinateur...), ne me semblait pas justifié. C'est d'ailleurs l'opinion que partageaient de nombreux enseignants des écoles Waldorf que je visitais. Ils préféraient voir leurs élèves courir dans le parc de l'école et fabriquer des paniers plutôt que fascinés par des écrans. D'ailleurs, **selon le rapport international Pisa de 2015, les pays ayant conséquemment investi dans les TIC dans le domaine de l'éducation n'ont enregistré aucune amélioration notable des résultats de leurs élèves**, que ce soit en compréhension de l'écrit, en mathématiques et en sciences.

Pourtant, en voyant certaines pratiques à l'étranger, j'ai changé de point de vue. **Je finissais par penser que si les TIC avaient eu si peu d'impact sur les résultats des élèves**

à l'échelle de pays entiers, c'était sans doute parce qu'elles n'avaient pas souvent été utilisées de manière à exploiter leur potentiel en termes d'autonomie.

En effet, bien utilisée, la tablette m'a semblé être l'outil qui procure aux élèves le plus d'autonomie, celui qui leur permet d'aller le plus loin dans leur liberté d'apprentissage. **Un des atouts de ces nouvelles technologies est de permettre aux élèves de travailler dans le même temps à des activités incroyablement variées et donc de favoriser une pédagogie différenciée.**

Ce fonctionnement, c'est celui que je retrouvais à Ao Tawhiti, en Nouvelle-Zélande, et, dans une moindre mesure, à Goa en Norvège et Eestinkallio en Finlande.

À l'école d'Eestinkallio et à Goa, il y a une quarantaine de tablettes pour cinq classes. Les enseignantes se coordonnent pour pouvoir les utiliser à des horaires différents, ou pour quelques enfants seulement.

À Ao Tawhiti, chaque élève, à partir de 7 ans, a sa propre tablette, à son nom, dont il peut se servir uniquement à l'école.

Un exemple d'usage facilitant l'autonomie des enfants en Finlande : lorsque les élèves de CM2 de l'école d'Eestinkallio ont eu pour mission de travailler, trois matinées par semaine, sur des sujets qui les intéressaient – en lien avec la santé et par groupes de quatre – ils se sont répartis, eux-mêmes, entre la salle informatique, la bibliothèque et les salles de classe. Là, ils ont utilisé tablettes, ordinateurs et livres pour effectuer leurs recherches et écrire leurs découvertes. Les enseignantes des trois classes de

CM2 ainsi qu'une éducatrice surnuméraire étaient présentes dans chaque salle afin de répondre à d'éventuelles questions et de guider des enfants peu inspirés. Les élèves avaient le choix d'écrire le résultat de leurs recherches sur la tablette sous format Powerpoint ou sur une affiche en papier. Ils pouvaient aussi intégrer des dessins qu'ils réalisaient, de même, sur l'outil numérique, en lien avec leur travail. Cet exemple de fonctionnement est un schéma souvent généralisé pour ce type de projet.

Toutes les enseignantes soulignaient l'aspect positif des tablettes dans ce travail en autonomie et l'avantage par rapport aux ordinateurs. Laura Suonranta-Hollo m'expliquait par exemple que « *les tablettes sont moins chères et plus facilement maniables, ce qui permet aux enfants de travailler dans la position de leur choix* ». Je constatais effectivement qu'ils étaient souvent allongés sur un tapis, ou faisaient circuler la tablette parmi les membres du groupe de travail assis autour des tables disposées en carré. « *La plupart des livres que nous avons dans l'école sont des romans, pas des ouvrages documentaires. Surtout, nous les avons en général en un seul exemplaire. Les tablettes, comme les ordinateurs, permettent de faire des recherches sur des sujets bien plus vastes et surtout de mobiliser tous les élèves à la fois, de les habituer à être en action plutôt qu'à attendre que la connaissance – partielle et partiale – leur soit délivrée par leur seul enseignant.* » J'ajouterais même qu'elles permettent aux élèves d'avancer à leur rythme, contrairement à un cours classique.

On craint souvent, en France, que l'introduction des outils numériques n'entraine une baisse de niveau en calligraphie. On m'a même parfois dit : « *Mais en Finlande, désormais on n'enseigne plus aux élèves à écrire à la main !* » Tout d'abord, il faut rétablir la vérité : c'est uniquement l'écriture cursive (« en attaché ») qui n'y est plus enseignée qu'en option. Et cela ne tient pas à l'introduction du numérique à l'école, mais principalement au fait que la plupart des habitants des pays du nord de l'Europe ou de l'Amérique n'emploient plus l'écriture cursive au quotidien depuis quelques décennies déjà. Ensuite, dans les classes que j'ai pu observer, l'usage de tablettes ne s'était pas du tout fait au détriment de l'acquisition d'une calligraphie de qualité. Au contraire, c'est en Finlande et surtout en Nouvelle-Zélande, à Ao Tawhiti, que je trouvais les écritures les plus soignées ! N'oublions pas que la tablette, contrairement à l'ordinateur, n'est pas adaptée pour faire du traitement de texte. L'écriture à la main reste donc le meilleur moyen pour l'élève de retranscrire ou de résumer les informations qu'il est allé glaner.

Par ailleurs, dans ces écoles, en début d'année, les enseignants sensibilisent les élèves aux dangers d'Internet, à l'importance d'entrainer son esprit critique, de confronter ses sources et de combiner les supports numériques aux supports papier.[25] Je ne sais pas si cela en est la conséquence directe, mais, durant les activités de recherche, les élèves n'ont pas systématiquement recours aux tablettes et beaucoup aiment faire des recherches dans la bibliothèque avant toute chose.

C'est en mathématiques que l'usage des tablettes est le plus évident et permet d'adapter le plus facilement les enseignements aux élèves. Dans cette discipline, en calcul par exemple, il est possible de formaliser précisément ce que l'on ensei-

Des élèves lors d'un atelier mené par une élève : apprendre à dessiner des maisons à partir de différents modèles trouvés sur Internet.

gne et ce que l'on attend des élèves. Les réponses sont définies, simples et précises. Il est simple pour les logiciels d'analyser les résultats pour s'adapter et proposer des exercices plus ardus ou plus aisés en fonction des réponses données par l'élève.[26] En langues, le fonctionnement est le même, ce qui est pertinent pour des débutants qui souhaitent apprendre ou réviser seuls. En revanche, dans de nombreuses autres disciplines, les technologies proposées ne sont pas assez performantes pour réellement adapter leurs enseignements en fonction des réponses des élèves, les attentes étant moins précises qu'en maths ou en langues.

En Norvège comme en Finlande, j'ai pu observer par exemple que, pendant que l'enseignante se consacrait à un petit groupe en anglais ou lors d'une analyse d'actualité, les autres élèves se voyaient assigner alternativement des exercices sur cahier ou à partir d'applications mathématiques mêlant jeux de calcul et de logique. Ces jeux plaisaient beaucoup aux écoliers et leur permettaient de s'améliorer en s'entrainant indépendamment du rythme de leurs camarades. Certains élèves sont arrivés à des niveaux très élevés, enchainant avec aisance multiplications, divisions et soustractions, à une vitesse de plus en plus grande et avec de grands nombres.

À Ao Tawhiti, les élèves du primaire travaillent sur leurs projets personnels au moins deux heures par jour, la tablette étant leur outil principal. Ils s'en servent pour contacter les professionnels qu'ils souhaitent rencontrer dans le cadre de ce travail personnel : l'organisatrice du festival du Steampunk d'Otago, une architecte de Christchurch ou un pompier ; et pour effectuer des recherches sur Internet : sites web et vidéos documentaires, celles-ci étant privilégiées par les plus jeunes, encore peu à l'aise avec la lecture et l'écriture. Samuel mène ainsi une enquête au sujet de Churchill tandis qu'Elizabeth est en train de jouer à des exercices mathématiques adaptés à son niveau, alors qu'à côté d'elle Sofia visionne un tutoriel pour apprendre à monter un film sur MovieMaker. Tom, assis à son bureau, étudie sur Youtube comment dessiner un éléphant, tandis que Millie progresse en espagnol sur Duolingo. Dans une classe où chacun travaille en autonomie, à son rythme, on voit bien l'avantage que peuvent avoir les tablettes.

Les tablettes, en revanche, sont peu utilisées comme outil de traitement de texte, puisqu'il est attendu des élèves qu'ils écrivent l'avancée de leurs recherches sur papier, dans leur portfolio. Les enfants qui ont d'ambitieux projets d'écriture préfèrent aussi tout écrire sur papier avant d'utiliser un traitement de texte de type Word. Ainsi, il y a complémentarité entre les supports. Le rôle de l'enseignant dans ce cadre est avant tout de former aux méthodes de recherche et de réguler l'activité : il circule dans la salle pour accompagner chaque élève dans son projet personnel et s'assure, pour les quelques élèves qui ont des difficultés de concentration, qu'ils sont bien au travail.

L'avantage de la tablette par rapport au livre documentaire, c'est qu'elle offre des possibilités infinies d'apprentissage ; impossible en effet d'avoir en classe des livres dans tous les domaines susceptibles d'intéresser les élèves. De plus, la tablette offre des supports variés : des articles écrits, des vidéos, des photos, des émissions de radio… Et surtout, elle permet de communiquer, d'échanger pour que la recherche soit vivante.

Comme l'explique André Tricot, le rôle de l'enseignant dans l'accompagnement du travail en autonomie sur tablette est essentiel. Il faut aider les élèves à planifier leurs activités d'apprentissage. « *Les élèves doivent choisir par exemple des canaux de communication, des contenus et estimer le temps qu'ils vont devoir y consacrer. Il faut leur fournir un feedback approprié, ce qui implique des communications avec l'enseignant mais aussi avec les pairs. […] Il est important de donner aux apprenants des critères qui les aident à évaluer leurs propres performances d'apprentissage.* » Avoir un ensemble de sous-buts, travaillés avec l'enseignant, peut se révéler nécessaire.[27]

Les tablettes sont donc loin de remplacer le professeur ! Celui-ci est en revanche bien plus dans son rôle de facilitateur d'apprentissages que d'enseignant qui enseigne des savoirs.

Auparavant, il était possible de justifier le cours magistral par l'absence de moyens alternatifs faciles d'accès pour transmettre le savoir, mais le XXIe siècle, avec son lot d'innovations technologiques, de sites Internet, de banques de données et d'applications pédagogiques, pourrait bénéficier d'un enseignement vraiment individualisé permettant une réelle différenciation pédagogique, notamment grâce à l'usage des tablettes. Ce que je retiens de mes expériences, mais aussi de mes lectures, c'est que si l'usage « gadget » de ces technologies ne fait aucun sens, ces nouveaux outils numériques peuvent en revanche permettre de changer la manière de faire classe s'ils sont utilisés pour leur capacité à favoriser la différenciation pédagogique et à déclencher un apprentissage autonome. Un équilibre doit pouvoir être trouvé entre technophobie et technophilie. La chose serait facilitée si les pouvoirs publics développaient la formation à l'usage des tablettes à des fins pédagogiques à destination des enseignants.

5. Travailler en coenseignement

Le coenseignement, c'est l'intervention dans une même classe de deux pédagogues. Il peut s'agir de l'enseignant attitré de la classe et d'un enseignant surnuméraire qui aide dans toutes les classes de l'école, ou de deux professeurs qui enseignent à un plus grand groupe d'élèves, l'équivalent de deux classes, mais dans un même espace.

En Norvège et en Nouvelle-Zélande, j'ai assisté pour la première fois à des cours en coenseignement qui semblent présenter un réel avantage pour les élèves. Jusqu'alors, l'image que je me faisais des classes où intervenaient deux professeurs n'était pas très positive. J'avais l'impression que l'un des pédagogues était condamné à rester inactif tandis que l'autre s'exprimait devant la classe. Cela s'expliquait par le fait que j'étais habitué à la configuration classique du cours magistral.

En Finlande, j'assistais à quelques leçons de ce genre, où l'une des institutrices devenait l'assistante de l'autre pendant l'espace d'une heure. Mais en Norvège et en Nouvelle-Zélande, la situation était tout autre et me permit de réaliser que le *co-teaching* – comme l'appellent les anglophones – peut se révéler bien plus fructueux que je ne l'avais pensé.

Commençons par l'école de Goa, à Randaberg. Là, toutes les classes fonctionnent en coenseignement partiel, c'est-à-dire que chaque salle peut s'ouvrir sur la classe voisine, de même niveau scolaire, grâce à une vitre coulissante insonorisée. ***« Ici, chacun est libre de travailler avec son voisin autant qu'il le souhaite »***, m'explique Monika, enseignante en CE2 « *avec Annette, on est sur la même longueur d'onde, donc on bosse ensemble autant que possible* ». Soit, en pratique, plus de la moitié du temps. Une fois rentrés en classe, les élèves de Monika effectuent les rituels du matin en classe simple (courte animation de l'enseignante, chanson, correction de devoirs…), puis Annette ouvre la cloison pour démarrer le travail en ateliers : pendant qu'une enseignante s'installe dans le couloir avec un groupe d'élèves pour analyser un hebdomadaire pour enfants, l'autre anime un atelier d'anglais avec une dizaine d'enfants tandis que les écoliers restants sont répartis entre les deux salles. Les uns aux ordinateurs pour des jeux mathématiques, les autres devant leur cahier pour des exercices de rédaction, en autonomie. Les élèves du coin rédaction sont seuls dans la salle, la vitre coulissante fermée pour éviter qu'ils ne soient dérangés par le bruit des conversations des autres élèves. Annette garde un œil sur eux depuis sa salle. Pendant une heure et demie, les enfants tournent dans les quatre ateliers.

« *L'avantage de décloisonner les classes régulièrement, c'est que l'on permet aux élèves de changer de compagnons de travail et d'adulte référent. Ça ressemble un peu plus à la vraie vie. Ça apporte beaucoup de diversité et chacune de nous peut proposer à tous des activités qui la motivent particulièrement. On est à peu près sûr de ne pas négliger certaine matière du fait de notre manque d'intérêt pour celle-ci ou encore de compétences médiocres, comme cela arrive naturellement quand on est seul dans sa classe.* »

En mathématiques, les élèves des deux classes se mélangent pour former des groupes de niveau (il y en a trois, avec une assistante qui vient prendre en charge l'un des groupes) : « *Les groupes de niveau ne peuvent pas rester les mêmes pendant plus d'un mois, sinon on mettrait les enfants dans des cases, et ça serait très décourageant d'être en permanence dans le groupe des "mauvais". Même si, évidemment, on n'appelle pas le groupe de niveau le plus faible comme ça, les enfants ne sont pas dupes et ça pourrait être très déprimant de passer l'année avec cette étiquette ! Donc, en fonction des sujets travaillés, ce ne sont pas les mêmes enfants que l'on retrouve dans les groupes de niveau.* », justifie Monika.

Le co-enseignement permet aussi à l'une des maitresses de réaliser des tâches qu'elle ne pourrait mettre en place si elle était en permanence seule dans sa classe. Par exemple, l'enseignante s'entretient individuellement toutes les deux semaines avec chacun de ses élèves afin de savoir comment les enfants se sentent à l'école et à la maison, mais aussi ce qui peut être mis en place pour les aider, de quoi ils ont envie, etc.

« *Je considère que je suis tout autant responsable des élèves d'Annette que des miens* », explique Monika. Et effectivement, j'ai pu observer que les écoliers s'adressent avec la même aisance aux deux enseignantes.

J'ai pu constater que le coenseignement fonctionnait tout aussi bien dans d'autres classes, notamment au secondaire. En arts et en menuiserie par exemple, dans le cadre d'un projet sur l'Égypte ancienne, l'enseignant, Hendrick, a proposé aux élèves de sa classe de 4e et à celle de sa voisine de réaliser les objets qui allaient être présentés lors d'une exposition à laquelle seraient conviées toutes les classes de l'établissement. Les élèves des deux classes se mêlaient pour réaliser, en fonction de leurs envies personnelles, sarcophage en bois en taille réelle, maquettes de temple, masque mortuaire, trône doré, etc., les enseignants circulant entre les groupes pour apporter leur soutien, en fonction de leurs compétences particulières plutôt qu'en fonction de la classe à laquelle appartiennent les élèves. Hendrick, par exemple, s'est concentré sur les élèves qui travaillaient le bois, tandis que sa collègue s'affairait sur les autres projets.

En cas de mésentente, aucune obligation : « *Au pire, les collègues entre qui ça ne se passe pas très bien peuvent ne pas ouvrir la vitre coulissante !* » tempère Anika.

À Ao Tawhiti, le coenseignement va encore plus loin : le concept de classe dans son sens classique – une salle, une trentaine d'élèves, un enseignant – n'existe plus du tout. La cinquantaine d'étudiants et leurs deux enseignantes disposent d'un espace contenant deux petites pièces attenantes à une grande salle par des cloisons vitrées coulissantes, comme en Norvège. La « classe » est considérée comme une seule entité. Lorsque l'une des enseignantes présente une activité, l'autre s'occupe de préparer du matériel ou de tutorer un élève. Mais surtout, lorsque l'une d'entre elles prend un petit groupe à part en atelier écriture, lecture ou mathématiques, l'autre circule parmi les élèves qui travaillent en autonomie, leur apportant des conseils dans leur travail personnel. Étant donné que la majeure partie du temps des élèves dans cette école est passée à travailler en autonomie, ce rôle est bel et bien essentiel.

Le coenseignement nécessite de bien s'entendre et de faire des ajustements dans sa pratique du métier (plus de communication, plus de planification, plus de rangement...). Mais si les conditions sont réunies pour travailler de cette façon, l'intervention conjointe de deux enseignants auprès d'un groupe d'élève peut se révéler très bénéfique, aussi bien pour les pédagogues que pour les élèves.

6. En finir avec les notes

Chaque année revient, à l'occasion des épreuves du bac, le débat concernant la subjectivité de la notation, dans toutes les matières, y compris les « sciences dures ».

« *T'as quelle note ?* » demande le camarade de classe, espérant avoir fait mieux que son copain. « *Tu as eu des notes aujourd'hui ?* », demande la mère qui rentre du travail et n'a que peu de temps à consacrer à son enfant.

Souvent, le seul rapport entretenu par les parents avec l'école passe par les notes (et ses substituts, les lettres ou les points de couleur), comme si c'était le reflet parfait de ce qu'apprend leur enfant. Au-delà de ce qu'il a compris, de ce qu'il a vécu, etc. À force d'entendre cette litanie, **le jeune, surtout à partir du collège, devient une note, une moyenne. Il est vu uniquement à travers ce prisme, par certains de ses enseignants d'abord, mais aussi – et c'est pire sans doute – par ses parents.**

Tout ça pour quoi ? On sait que les notes stigmatisent souvent injustement, et qu'en plus **elles ne permettent pas aux élèves de s'améliorer.**[28] Célestin Freinet écrivait déjà en 1954 que « *les notes et classements sont toujours une erreur. C'est là, manifestement, la plus fausse des mathématiques, la plus inhumaine des statistiques* »[29].

On peut dénoncer les éléments suivants :

- le caractère aléatoire et biaisé de la notation[30] ;
- son effet délétère sur la confiance des élèves[31] ;
- que les élèves se concentrent plus sur la note et leur classement que sur leurs apprentissages et les moyens de s'améliorer[32] ;
- la compétition est favorisée au détriment de valeurs comme l'entraide ;
- l'habitude prise par les parents, les enseignants et les élèves eux-mêmes de ne juger l'élève qu'en fonction de ce chiffre[33] ;

- la présence systématique dans toutes les classes, même les meilleures, d'une « constante macabre ».[34]

Comme l'explique Sylvain Connac en reprenant les travaux de Jean-Marie Barbier[35], « *des phénomènes perturbateurs ont été identifiés : [...] l'effet de halo : le correcteur se laisse impressionner par un aspect précis du support d'évaluation, par exemple une belle écriture, la caractère agréable de l'élève... ; l'effet d'ordre de correction : il correspond à une fluctuation de la notation en fonction des copies passées, la lassitude liée aux corrections successives ayant un impact sur la note finale ; l'effet de tendance centrale : spontanément, sans barème précis, l'évaluateur a une tendance générale centrale qui lui fait attribuer les notes autour d'un intervalle établi ; l'effet de contamination : il consiste à être influencé par les résultats antérieurs de l'élève. Cet effet est une sorte de corolaire de l'effet Pygmalion* ».[36]

Si encore cette note était un moyen objectif d'évaluer l'état de l'apprentissage réalisé... Or c'est rarement le cas. Pour reprendre une citation d'Einstein : « *Si on juge un poisson sur sa capacité à grimper à un arbre, il passera sa vie à croire qu'il est stupide.* » Le problème de **l'évaluation notée est qu'elle mesure les résultats de tous les élèves de manière standardisée, alors que les élèves, eux, ne sont pas supposés être standardisés – même si nombre d'entre eux finissent par le devenir avec le temps**. Tel élève aurait peut-être mieux réussi l'évaluation s'il avait eu à répondre à l'oral. Tel autre a sans doute du mal à répondre à des QCM alors qu'il connait très bien son cours et est passionné par la discipline. Un autre pourrait être apte à mettre en application les concepts qu'il a appris, mais se retrouve démuni quand il s'agit de présenter ses connaissances dans le cadre d'une dissertation…

À l'inverse, certains élèves sont capables de résoudre sans difficulté des problèmes mathématiques sur manuel après avoir compris la manière dont fonctionnent les énoncés, tout en étant incapables de résoudre une situation réelle faisant appel à un raisonnement mathématique. En France, il est sans doute nécessaire, pour leur réussite académique puis professionnelle, que les élèves parviennent à maitriser différents exercices typiquement scolaires[37] – encore que je regrette cette situation, car les savoir-faire scolaires n'ont aucun intérêt en dehors de l'école.[38] Il est cependant injuste de juger les connaissances et compétences des élèves uniquement à travers des évaluations écrites standardisées.

Enfin, certaines compétences ne sont pas sanctionnables par des notes ! Comment noter la créativité, la persévérance, l'humour, le style d'écriture, la sensibilité, l'esprit d'analyse ?

Pour toutes ces raisons, s'il y a bien une chose sur laquelle les 18 établissements que j'ai visités cette année s'accordent, c'est que **sans la pression des notes, les élèves apprennent mieux**. Néanmoins, certaines écoles utilisent encore le système de notation chiffrée.

Commençons par ces écoles qui ne sanctionnent jamais un travail par une note, quel que soit l'âge des élèves. À Labori à Paris, à Tamariki et à Ao Tawhiti en Nouvelle-Zélande, à Inwoods Small School et dans la Forest School voisine en Angleterre, personne ne reçoit jamais de copie notée, ni évidemment de bulletin de notes. Lorsqu'un travail écrit est rendu, il est annoté de conseils par les enseignants, retravaillé par l'élève, puis repris avec le professeur si nécessaire. Toute évaluation y est formatrice pour l'élève et formative pour l'enseignant. Pour ce qui est des « savoirs », pas d'évaluation sommative[39].

« *À quoi cela sert-il de savoir si le jeune reconnait, ou non, un adverbe ? Si ça l'intéresse, c'est super, mais moi, ce qui m'importe c'est que mes élèves écrivent de mieux en mieux, avec moins d'erreurs de syntaxe et d'orthographe, plus d'aisance, de style et de réflexion, de précision de lexique. Mais je ne pourrai jamais noter ça ! Tout au plus je peux donner des conseils !* » s'exclame Suseela, enseignante en primaire à Inwoods Small School.

Sur le campus Montessori de Vienne, il existe une forme d'évaluation sommative, mais aucune évaluation notée n'intervient : une fois que l'élève sait faire l'activité qui lui est proposée et qu'il en a fait la démonstration à l'éducateur, il passe à une autre supposée plus difficile, et c'est alors le transfert qui est gage de la compétence acquise.

Du côté des écoles Steiner, à partir du niveau collège, des notes sont attribuées aux élèves dans certaines matières académiques, mais ont pour seul objectif l'autoévaluation de l'élève. Elles ne sont pas communiquées aux parents, ni rassemblées en fin de semestre pour constituer une moyenne et un bulletin de notes.

De même, **le redoublement n'existe pas dans la pédagogie Waldorf, et à aucun moment de sa scolarité, l'élève n'est amené à devoir s'orienter en enseignement professionnel,**

technique ou général (contrairement à ce qui se fait dans le système scolaire allemand classique). « *Les notes ont pour unique rôle de donner aux élèves une vague idée de l'étendue de leur savoir dans un domaine à un moment précis. Si l'élève a répondu bon à cinq questions sur dix, eh bien il a 5/10, il voit que pour la moitié des questions, il n'était pas au clair avec les notions travaillées. Mais autrement, elles sont sans importance ! D'ailleurs je ne parle jamais de test ou d'évaluation : ça stresse pour rien ! Je parle uniquement de travail en classe.* », explique Ute, professeure de français à l'école libre de Fribourg. **J'avoue que même l'argument qui consiste à dire que la note permettrait de s'autoévaluer ne me convainc que très peu. Une correction détaillée, avec des pistes de réflexion et d'amélioration, me semble plus pertinente.**

Enfin, un dernier exemple avec la Finlande qui, à mon sens, permet de fortement relativiser l'importance des notes. **Contrairement à ce que l'on peut entendre parfois, les écoles finlandaises attribuent des notes et évaluent leurs élèves à l'occasion de tests standardisés en tous points similaires à ceux de notre système éducatif. Mais cela n'est sans doute plus pour très longtemps.** Comme l'explique Salla Leinonen, « *depuis la rentrée 2016, on sait que beaucoup de choses vont changer dans les années qui viennent. L'un des quatre axes*[40] *d'évolution pour l'école finlandaise, c'est le* ***remplacement progressif des bulletins de notes par des rendez-vous individuels entre les parents, le professeur et l'enfant, pour parler de tout ce qui le concerne. Pas seulement de ses résultats académiques, mais aussi de son ressenti, de ses émotions, de ses interrogations, de ses peurs éventuelles,*** etc. » Cette évolution n'est pas encore obligatoire. Il s'agit pour l'instant seulement d'une forte recommandation du gouvernement.

En attendant, lorsqu'ils rendent les copies corrigées, les professeurs, quel que soit l'âge de leurs élèves, n'annoncent jamais les notes à l'oral, ni ne font de commentaires en public. Tout comme il ne leur vient pas à l'idée de classer les copies de la meilleure à la moins bonne, contrairement à ce que l'on voit encore dans certains établissements français et à l'université.

J'ai donc constaté que, partout, quand ce n'était pas déjà fait, les notes tendent à perdre de leur importance et à disparaitre au profit d'évaluations plus précises concernant aussi bien les réussites des élèves que les axes d'amélioration. Il peut par ailleurs s'agir d'autoévaluation, avec des outils tels que les fichiers autocorrectifs proposés par l'ICEM. Dans les écoles que j'ai fréquentées, les élèves ne sont pas classés en fonction de leurs performances à des tests standardisés. Nulle part je n'ai entendu d'étudiant se plaindre de la pression des notes (et pourtant je posais la question dans chaque établissement !).

Le système des ceintures de niveau, développé par Fernand Oury sur le modèle de la progression des judokas, est un autre mode intéressant d'évaluation formative.[41] Comme l'explique Sylvain Connac, « *une ceinture est la représentation symbolique d'un niveau de maitrise correspondant à un ensemble de compétences identifiées. Elles se déclinent en plusieurs couleurs : rose - blanc - jaune - orange - vert - bleu - marron - noir. Lorsqu'un enfant est ceinture verte dans un domaine précis, il s'entraine aux items de la ceinture bleue et demande* *à en passer les épreuves, une fois cet entrainement achevé »*[42].

Ce fonctionnement permet de donner du sens aux apprentissages : **les élèves visualisent ce vers quoi ils doivent tendre pour s'améliorer** (les compétences décrites pour obtenir les ceintures supérieures), **tout en ayant conscience du chemin qu'ils ont déjà parcouru.** Cela montre à chacun qu'on évolue en permanence, et les points à améliorer pour continuer de progresser sont clairs. Ainsi, chacun se trouve toujours dans ce que Vygotski appelle la zone proximale de développement, c'est-à-dire que chacun peut évoluer à son rythme, en tentant d'acquérir des compétences ni trop simples, ni trop complexes. Juste ce qu'il lui faut pour progresser.

L'évaluation, ici, n'a pas de côté « sanction ». Dans un système de notes, on peut très bien commencer l'année à 16 et la finir à 12. Alors qu'on a pourtant forcément progressé ! Sauf que ces progrès ne sont pas visibles. Avec les ceintures, rien de comparable. La progression peut être au ralenti, mais elle est constante.

Dans une classe multiâges où les élèves travaillent en autonomie, à leur rythme et de manière coopérative, les ceintures sont **aussi un moyen de faire de l'hétérogénéité de la classe une richesse.** Les élèves peuvent identifier ceux qui sont en mesure de les aider parce qu'ils ont déjà passé une ceinture supérieure dans un domaine précis.

On le voit, s'il existe bien des façons d'évaluer les élèves, la note est sans doute la moins pertinente pour permettre aux élèves de s'améliorer.

7. Instituer un temps quotidien de lecture libre

En France comme ailleurs, le rôle de l'école dans l'apprentissage de la lecture est considéré comme fondamental. Les professeurs doivent faire lire chaque année un certain nombre d'œuvres à leurs élèves, et la pratique que j'ai observée jusqu'alors consiste à faire étudier à tous les élèves les mêmes ouvrages, en même temps, et ce quelles que soient leurs appétences littéraires. Mais ***quid* du plaisir de lire** ?

Résultat : le nombre d'élèves qui s'adonnent à la lecture en dehors de la classe est faible. **En moyenne, les jeunes passeraient seulement 3 heures par semaine à lire, contre 7 heures 30 à regarder la télévision et 8 heures à surfer sur Internet.**[43] De plus, malheureusement, « *l'environnement familial joue un rôle déterminant sur les pratiques de lecture : les jeunes qui sont les plus grands lecteurs et valorisent le plus la lecture sont ceux qui vivent dans un foyer où les parents sont également de grands lecteurs et leur ont raconté des histoires quand ils étaient petits ; où les parents contrôlent le plus leur usage d'Internet ; où le niveau d'étude et la catégorie socioprofessionnelle de la personne de référence du foyer sont les plus élevés ; où le nombre de livres au domicile est important* ».[44] Bref, les joies de la lecture sont l'apanage de quelques jeunes et ne font pas l'unanimité.

Pourtant, lire des romans et des bandes dessinées a de nombreux impacts positifs en dehors du simple aspect « plaisir » : aisance en lecture et en expression écrite – transposable aux disciplines scolaires –, développement de l'imaginaire, de la créativité et de l'empathie, réduction du

stress… Savoir bien lire, comprendre tout genre de texte, c'est aussi pouvoir être autonome dans ses apprentissages. D'où l'importance de développer l'envie de lire par plaisir, dès le plus jeune âge.

On ne connait que trop bien les stratégies ou stratagèmes qui permettent aux jeunes collégiens d'échapper à la lecture obligatoire à effectuer à la maison. Ils préparent souvent les « contrôles de lecture » en lisant des résumés sur Internet. Et ce même lorsque le livre aurait pu, en soi, leur plaire ! C'est le fait d'être forcé à lire tel ou tel ouvrage qui démotive la plupart d'entre eux.

Comment s'attendre à ce que les élèves aiment fréquenter les œuvres littéraires lorsque l'on ne leur permet pas de lire ce qui leur plait ? Peut-on vraiment s'étonner de ce désamour ?

Dans tous les pays que j'ai parcourus, l'importance de l'aisance en lecture et en écriture chez les élèves est soulignée à la fois par les pouvoirs publics et les enseignants, même si les moyens mis en place pour atteindre cet objectif sont rarement plus efficaces que ceux que j'ai pu voir à l'œuvre en France. À une exception près :

À l'école Unlimited Discovery en Nouvelle-Zélande, une demi-heure par jour est consacrée à cette « lecture plaisir », sur le temps scolaire (et pas seulement sur le temps du midi, comme cela est fait dans quelques établissements français). Chaque élève lit absolument ce qu'il veut. Il peut apporter un livre de chez lui ou bien en choisir un parmi les ouvrages de l'impressionnante bibliothèque de la classe, qui contient principalement de la littérature jeunesse, dont de nombreuses séries. Dans une ambiance feutrée, tous les enfants lisent, donc, assis sur un pouf, une chaise ou par terre. Aussi bien en classe qu'à l'extérieur quand le temps le permet. Conséquence de ce temps de lecture libre : la quasi-totalité des élèves âgés de huit ans lit et écrit avec une grande aisance. Bien mieux qu'ailleurs ! Je n'avais jamais vu des élèves avec autant de vocabulaire, capables de faire si peu d'erreurs de syntaxe ou d'orthographe. Et pourtant, pour les enfants, la langue anglaise, qui est loin d'être une langue transparente, est très difficile à écrire correctement, comme j'ai pu le constater dans d'autres établissements !

Je suis lucide. Sans doute cette aisance ne provient-elle pas uniquement du fait de permettre aux élèves de lire ce qu'ils veulent pendant trente minutes. D'autres activités favorisent grandement cette habileté : des ateliers d'écriture créative, le travail en autonomie encouragé par l'établissement qui passe principalement par la lecture d'ouvrages ou d'articles en ligne et la rédaction de « rapports de recherche » réguliers. Il s'agit bien sûr d'un tout.

Si le « simple » fait d'instaurer un temps de lecture libre conséquent et quotidien est salutaire, cette approche peut être complétée par d'autres outils pédagogiques. Dans son livre *The Reading Zone*, l'Américaine Nancy Atwell, professeure d'Anglais et directrice d'école, en présente un certain nombre, tout en insistant également sur la nécessité de prévoir au moins ces trente minutes de lecture par jour en classe aux élèves, à laquelle elle ajoute trente minutes par jour de lecture à la maison, seul « devoir » donné dans son école.

« *Je ne pourrais pas choisir LE livre qui permettrait à toute une classe de se lier d'amitié avec les livres* »[45] écrit-elle. Laisser aux élèves la possibilité de sélectionner leur ouvrage est pour elle la condition préalable à l'entrée dans ce qu'elle appelle la « zone de lecture », zone qui permettra à l'enfant de devenir un lecteur « doué, passionné, régulier et critique ». « *Nous savons que les étudiants ont besoin de temps pour lire, à l'école et à la maison, quotidiennement. Le seul moyen de faire que les élèves tombent amoureux des livres, c'est de les inviter à choisir le leur.* »[46]

Selon Atwell, chaque élève de son école, du CM1 à la 3ᵉ, lit au moins quarante livres par an. Il semblerait donc que l'autonomie et la liberté professées par l'enseignante fassent de ses élèves des lecteurs compétents, assidus et passionnés !

Cependant, durant son cours d'anglais, les étudiants d'Atwell ne font pas que lire. Ils estiment également que les activités et conditions suivantes, mises en place par leur enseignante, sont nécessaires pour rentrer dans la « zone de lecture » : des discussions autour des livres ainsi que des « mini-leçons » sur la littérature ; une bibliothèque de classe proposant une grande variété d'ouvrages, régulièrement enrichie de nouvelles œuvres ; une ambiance de lecture feutrée en classe ; la possibilité pour les élèves et l'enseignant de présenter aux enfants leurs livres préférés ainsi que l'installation d'une étagère dédiée à l'exposition de ces ouvrages ; des échanges écrits et verbaux avec l'enseignant et les pairs au sujet des livres lus, etc.[47]

Des élèves d'Ao Tawhiti lors du temps de lecture libre quotidien, après la pause déjeuner.

Notons que ces conditions, classées ici par les élèves en fonction de l'importance qu'elles ont pour eux, sont celles qu'Atwell met en place dans ses classes depuis 1990. Cette méthode lui valut en 2015 le Global Teacher Prize de la fondation Varkey, équivalent du prix Nobel dans le domaine de l'enseignement.

On voit donc **qu'il ne s'agit pas d'abandonner tout travail autour des livres, mais plutôt de partir des œuvres choisies par les élèves pour parler de littérature et ainsi permettre à ceux qui ont du mal à s'intéresser à cette discipline d'y trouver un intérêt et de s'adonner avec plaisir à la lecture**.

FREIE WALDORFSCHULE - COLOGNE, ALLEMAGNE

Nombre d'élèves : 390 | **École :** privée sous contrat
Pédagogie : Waldorf/Steiner

L'école Waldorf de Cologne est située dans un quartier excentré de la ville, une grande cité de béton au milieu de bois et de champs. L'établissement, qui accueille des élèves de 6 à 19 ans, bénéficie d'un grand parc à la végétation touffue où les jeunes vont se cacher pour jouer ou discuter pendant les pauses.

L'école Waldorf de Fribourg, située à deux pas de la vieille ville, dispose d'un très petit espace vert qui donne directement sur la rue, et peut profiter de grands jardins ouvriers facilement accessibles en tram ou à vélo pour les cours de travaux des champs. L'équipement de l'école est étonnant, en particulier la qualité du matériel proposé pour les cours, principalement manuels (forge digne d'une mine du *Seigneur des Anneaux*, atelier de sculpture rempli d'outils et de blocs de pierres de taille variées…).

FREIE WALDORFSCHULE - FRIBOURG, ALLEMAGNE

Nombre d'élèves : 370 | **École :** privée sous contrat

Pédagogie : Waldorf/Steiner

Chapitre II

Une école ouverte sur le monde

8. Exposer les élèves à une infinité de disciplines et de savoirs

La conclusion de mes observations et entretiens rejoint ce que demande Steiner aux enseignants : ceux-ci doivent être une « porte sur le monde ».

Pour que les élèves puissent découvrir ce qui les intéresse et se motiver afin d'être efficaces dans leurs apprentissages, il faut que le milieu dans lequel ils évoluent soit très riche, c'est-à-dire que les possibilités d'apprentissage soient variées et ne se limitent pas à quelques disciplines. Si l'on souhaite que les élèves puissent s'adonner aux activités de leur choix, encore faut-il pouvoir leur faire découvrir de très nombreux domaines et leur donner la possibilité de les explorer. Difficile de savoir, par exemple, que l'on aimerait beaucoup apprendre le coréen quand on ne sait pas que cette langue existe !

Plus le milieu est pauvre, plus la probabilité que l'enfant tombe sur une activité qui lui plaise est faible. Il est alors à craindre que celui qui n'a rien trouvé d'intéressant dans la classe voie sa capacité d'attention et son enthousiasme diminuer, qu'il tente de dissiper ses camarades et que son engagement dans les apprentissages soit assez faible.

Le professeur, être humain comme un autre, ne peut initier ses élèves à tous les savoirs. Ses connaissances et compétences sont forcément restreintes. C'est pourquoi il m'a semblé

| Des élèves de l'école Waldorf de Cologne lors d'un cours de menuiserie.

intéressant de visiter des écoles où les disciplines et savoirs présentés aux élèves ne se limitent pas à ce qu'un enseignant généraliste peut offrir.

Dans les écoles Steiner qui m'ont reçu, entre la première et la dernière année d'école, les élèves ont l'occasion de découvrir des disciplines académiques comme la littérature, l'histoire, la géographie, la physique, les mathématiques, les langues, la musique, la peinture, mais aussi d'expérimenter des disciplines, manuelles et artistiques, comme la vannerie, la reliure, la menuiserie, l'agriculture, la céramique, le jardinage, la poterie, la ferronnerie, le théâtre, la danse[48]... Si l'apprentissage des « fondamentaux » et des langues vivantes a lieu de manière quotidienne, les autres disciplines sont proposées par période de quatre à six semaines afin de permettre aux élèves de totalement s'y impliquer et de voir rapidement leurs progrès.

Même si j'ai émis des critiques, dans la première partie de cet ouvrage, sur l'absence de liberté des élèves quant au choix des disciplines qu'ils peuvent pratiquer dans les écoles Steiner, je trouve cependant extrêmement intéressant qu'un établissement propose d'explorer des domaines très variés sans que les matières académiques ne prédominent. Comme ces écoles ne font pas redoubler les élèves, n'établissent pas de carnets de notes ni n'obligent les étudiants à être actifs pendant les cours, **aucune matière ne revêt plus d'importance qu'une autre. Ainsi, les élèves sont valorisés tout autant lorsqu'ils brillent en chimie qu'en poterie.**

Une façon de voir les apprentissages qui semble bien convenir aux élèves, comme pour cette bachelière : « C'est génial qu'on ait la possibilité, à côté des matières "sérieuses", de déconnecter un peu avec l'eurythmie ou les travaux manuels et l'art. »

Certains pourraient rétorquer que la vannerie, en 2018, c'est un peu dépassé, que ces apprentissages ne préparent pas aux métiers de demain. Mais, d'une part, personne ne connait les métiers de demain ; auquel cas, la meilleure façon de préparer les élèves est sans doute encore de leur transmettre des compétences transversales utilisables dans tous les domaines (créativité, autonomie, rigueur, esprit d'équipe, confiance en soi, capacité de recherche et d'analyse, de remise en question...).[49] D'autre part, les fondements de la pédagogie Waldorf justifient l'apprentissage de telles disciplines autrement qu'en faisant appel aux « métiers de demain », qui importent peu au philosophe : pour Steiner en effet, l'école est le lieu où **l'enfant doit pouvoir se découvrir, s'épanouir**

de manière holistique (c'est-à-dire totale ; ce qui, selon lui, ne peut avoir lieu que si **l'établissement initie les élèves à une grande diversité de disciplines, aussi bien académiques qu'artistiques, manuelles et sportives**. Ceci s'apparente à ce que Pestalozzi appelait l'approche « tête, cœur, main »[50]. Le développement harmonieux de la personne ne pouvant se produire que si ces trois composants de l'être sont stimulés simultanément tout au long de la vie.[51]

Selon la pédagogie Waldorf, l'objectif est que le jeune puisse, une fois adulte, être capable d'agir de manière responsable dans la société (« être libre en étant responsable » : « Freiheit in sozialer Verantwortung »), en développant non seulement des compétences pratiques et académiques, mais également son ouverture d'esprit, son esprit critique et sa créativité.

Même si l'on adhère à l'idée qu'il faut pouvoir préparer les jeunes aux « métiers de demain », l'initiation à des disciplines manuelles et artistiques est pertinente. En effet, de nombreux élèves seront sans doute amenés, au cours de leur vie, à exercer un métier manuel ou artistique[52]. Avant de se lancer dans ce genre d'études et de carrière, n'est-il pas nécessaire qu'ils aient l'opportunité (s'ils le souhaitent) de s'initier aux activités qu'ils pratiqueront peut-être pendant toute leur formation, voire toute leur vie professionnelle ?

Sans que tout le monde ne devienne relieur ou violoniste, le fait de présenter des disciplines variées mobilisant l'individu tout entier permet de **développer une conscience**

| Des élèves lors d'un cours de tricot à l'école Waldorf de Cologne.

et une estime de soi meilleures, et de mieux parvenir à « trouver sa voie ». Ainsi, chacun est libre de s'engager dans le genre d'activités qui lui convient le mieux, dans lesquelles il peut s'épanouir et s'investir.

De nombreuses études en neurosciences ont mis en lumière le fait que **la pratique d'activités manuelles et artistiques permet de devenir plus performant dans des domaines appartenant au champ scolaire.** La pratique d'un instrument de musique permet par exemple de développer les compétences langagières orales et écrites, la mémoire et le raisonnement spatial.[53] La pratique des arts plastiques permet quant à elle de développer, entre autres, le raisonnement visuospatial. Dans une étude menée par Gardiner, après sept mois de pratique artistique, les élèves en retard en mathématiques et en lecture avaient fini par dépasser ceux du groupe témoin.[54]

Mais il n'y a pas que dans les écoles Steiner que les disciplines proposées sont variées. Dans le système éducatif finlandais, si l'offre est moins diversifiée que dans les écoles Steiner, les matières manuelles et artistiques occupent tout de même une place importante. En plus du curriculum classique, les établissements instaurent en effet des cours de cuisine, de menuiserie, de musique et de couture avec d'importants moyens matériels. Ce sont en général des enseignants généralistes – ou, au collège, des spécialistes d'une autre discipline – qui ont en charge une de ces matières, à laquelle ils sont aussi formés.

Lors de ces cours, les élèves, quel que soit leur âge, sont extrêmement motivés et investis dans leur travail : « *Cela est dû au fait que les élèves aiment pouvoir fabriquer un objet : ils le créent de toute pièce, de la conception à la fabrication* », explique Tatu, professeur de religion[55] et de menuiserie à Kilonpuisto. « *C'est aussi parce que, depuis cette année, on les laisse libres de choisir ce qu'ils vont fabriquer ; ils ne sont pas obligés de tous faire le même objet en même temps, et les objets leur sont plus personnels* », complète Laura, qui enseigne aux élèves de 10 ans. En cours de couture, effectivement, rares sont ceux qui font le même travail : l'une confectionne un chapeau de sorcière en feutre, l'autre une robe noire avec des dentelles, un autre un coussin en patchwork… En menuiserie, l'une fabrique une tête de cheval, l'autre une catapulte, un autre encore un bouclier, une dernière une épée… Un thème commun – le Moyen Âge – est là pour inspirer les élèves. Le professeur passe de l'un à l'autre pour les conseiller, les aider s'ils sont bloqués. On notera que, lors de ces cours, il y a toujours un assistant pour épauler l'enseignant.

« *Ces travaux sont très importants car ils nécessitent que l'élève apprenne à planifier son travail, donc qu'il réfléchisse bien à toutes les étapes de la réalisation. Il doit aussi être très concentré, car souvent ce qui est fait est difficilement modifiable. Ce sont des compétences qui peuvent être mises à profit dans d'autres domaines plus académiques mais aussi dans la vraie vie* », selon Jukko Pauku, à Eestinkallio.

Pour ceux et celles qui aiment particulièrement les maths, le théâtre, la musique, les arts plastiques ou la danse, de nombreuses écoles primaires et secondaires proposent des classes spécialisées, avec 3 heures de plus par semaine dans ces matières. Cinq des sept écoles que j'ai visitées proposaient ainsi ce type de spécialisation.

Pour ce qui est de la musique, s'il n'y a pas plus d'heures de cours qu'en France (hormis dans les classes spécialisées), en revanche certains établissements présentent des salles qui abondent en instruments de musique contemporaine. À Viherkallio, on trouve ainsi une trentaine de guitares acoustiques, mais aussi cinq claviers, deux batteries, trois pianos et des micros, ainsi que de nombreux tambours, tambourins et autres petits instruments. « *Nous initions les jeunes à tous les instruments et notre but est de leur donner envie de pratiquer eux-mêmes chez eux ou de développer une sensibilité à des musiques qu'ils ne connaissent pas forcément, pas que tous deviennent des grands musiciens. C'est pourquoi nous abordons autant d'instruments et de styles de musique différents et que j'autorise ceux qui le souhaitent à venir s'entrainer ici lorsqu'ils n'ont pas cours. Je leur fais confiance.* », explique le professeur, Mikko Leppänen, qui est aussi le directeur de l'établissement. Il poursuit : « *Hier, l'école commençait exceptionnellement à dix heures, mais trois filles sont venues dès huit heures. En les trouvant devant la classe, j'ai pensé "Les pauvres elles ont dû oublier que nous commencions plus tard", mais elles se sont précipitées vers moi pour me montrer la chanson qu'elles venaient de composer pendant ces deux heures. C'était génial !* »

Durant le cours de musique de cet enthousiaste enseignant, les vingt-deux élèves se mettent à jouer une chanson où chaque instrument suit une partition assez simple mais qui sonne bien. Ils la jouent une bonne dizaine de fois sans visiblement s'en lasser (ce qui contraste avec les cours académiques, lors desquels les collégiens et lycéens sont extrêmement blasés et passifs en ayant le sentiment de rabâcher). Ils changent d'instrument s'ils le souhaitent, et les filles font autant de batterie que les garçons, les garçons autant de chant que les filles.

« Il n'y a pas de bonne ou de mauvaise musique, juste des sensibilités différentes. Dire le contraire est prétentieux et ne fait aucun sens. *J'aborde tous les genres de musique, nous parlons des chansons, des sentiments qu'elles nous procurent, pas tellement du solfège car ce n'est pas ce qui passionne un jeune qui démarre son apprentissage de la musique* », me dit Petri Kangas à Maininki. Effectivement, lors de ce cours où les élèves débutent l'apprentissage de la batterie, le professeur passe d'une chanson du chanteur pop Antti Tuisku à du « rock indé », pour finir sur du jazz.

Dans les écoles primaires, les cours de musique utilisent principalement la flute à bec, mais des initiations aux autres instruments sont également proposées de manière optionnelle.

Enfin, alors qu'ils sont tabous en France, **des cours de religion sont proposés ici. Une heure et demie de cours hebdomadaire pour chacune des religions représentées dans l'école.** Une majorité d'enfants est protestante ou « non affiliée » et une minorité catholique, musulmane ou orthodoxe. Durant les cours consacrés à ces religions minoritaires, les écoliers sont souvent trois ou quatre dans une classe. Aucune prière n'y est faite, mais il s'agit bien d'étudier sa propre religion, comme cela se fait dans un cours de catéchisme, sans remettre en question les dogmes. « Dans mon cours, on étudie les miracles faits par Jésus par exemple », explique Erkki Vainionpää, le directeur à Kaitaa. Les « non-affiliés » étudient l'éthique à l'aide des enseignements des philosophes.

Dans de très nombreux pays européens, de tels cours sont proposés, avec certaines nuances. Cela va du cours de catéchisme obligatoire classique (Allemagne, Irlande…) à la possibilité de choisir le cours de sa confession comme ici en Finlande (mais aussi en Espagne, en Belgique, en Norvège…), en passant par des cours de « culture religieuse », qui, s'ils font la part belle à la chrétienté, abordent aussi les autres « grands » cultes (Angleterre). **La France fait donc figure d'exception en Europe,** puisque l'enseignement du « fait religieux » y est dilué entre les disciplines préexistantes et a pour but d'étudier les religions comme des faits sociaux, et non de les enseigner à partir d'un point de vue intérieur.

On peut se demander si le fait que des matières qui ne sont pas enseignées en France occupent des plages horaires si importantes n'est pas dû à ce que les Finlandais travaillent assez peu l'écriture et la lecture, comparés aux Français. **Au primaire, nos élèves passent en effet 58 % du temps de classe sur les « fondamentaux »[56], contre 37 % en moyenne dans l'OCDE. Ceci alors qu'ils suivent déjà, entre 7 et 14 ans, 7 432 heures de cours, contre 5 733 en Finlande, selon l'OCDE.**[57] La place occupée par les « fondamentaux » en France en termes de volume horaire est donc énorme par rapport à ce qu'elle représente dans un pays comme la Finlande !

Cela s'explique sans doute par le fait que notre langue est plus difficile à orthographier que le finnois, « qui s'écrit comme il se prononce ». Mais surtout **parce que la grammaire est très peu enseignée en Finlande.** Par exemple, durant la cinquième année de l'école élémentaire finnoise[58], seuls les verbes, les noms et les pronoms sont abordés en cours. Pas les COD, ni les COI ou les adverbes… bien que le finnois soit une langue qui comporte beaucoup de déclinaisons dépendant de la fonction du mot dans la phrase ! Ce qui n'empêche pas les Finlandais de savoir écrire correctement. En outre, **aucun temps n'est « perdu » dans les écoles de ce pays à enseigner l'écriture cursive (« en attaché »), qui y est optionnelle et s'enseigne après avoir appris à maitriser l'écriture script** (en lettres d'imprimerie). Les cours de finnois se concentrent donc sur des débats, de la lecture, de la compréhension de texte et de l'expression écrite.

Si les Finlandais sont capables, en détenant le record du minimum de nombres d'heure de cours de l'OCDE à l'école primaire, de consacrer une plage horaire si importante aux disciplines manuelles et artistiques, sans pour autant faire pâle figure dans les matières « scolaires », nous devrions être en mesure de faire aussi bien ! Permettant peut-être ainsi à chacun de mieux trouver sa voie et de se plaire à l'école.

Cette exposition à des savoirs le plus variés possible, je la retrouvais aussi en Angleterre à Brockwood Park School, en Norvège et à Ao Tawhiti. Mais avec moins de moyens matériels.

Elle peut être mise en œuvre grâce à l'intervention de nombreuses personnalités venues de l'extérieur : à Ao Tawhiti par exemple, tous les vendredis matin, des professionnels viennent raconter leur quotidien et répondre aux questions des enfants pendant environ une heure avant d'emmener avec eux un groupe d'élèves volontaires pour une sortie en lien avec leur présentation. Cela peut aussi bien être un pompier, un artiste qu'une technicienne des Eaux et Forêts.

Ce contact avec des personnalités extérieures peut aussi être personnalisé. À Ao Tawhiti, les élèves peuvent ainsi aller à la rencontre de professionnels en lien avec leur projet. Selon le directeur, il était plus facile d'organiser ce type d'échanges lorsque l'école était encore dans le centre-ville jusqu'en 2014, avant le tremblement de terre qui détruisit la plupart des immeubles de ce quartier. **Les enfants étaient alors autorisés à sortir sans adulte, par groupes de trois, pour aller inter-**

viewer un spécialiste qui avait accepté de les recevoir, ou bien mener des enquêtes en plein air. Tant qu'aucun des enfants du groupe ne reportait de comportement dangereux ou irrespectueux de la part de l'un d'entre eux, on leur faisait confiance.

« *Malheureusement, maintenant, nous sommes bien trop loin du centre pour permettre aux élèves de réaliser ce genre d'expédition* », déplore le directeur, « *Heureusement, dans deux ans, nous allons pouvoir emménager à nouveau dans le centre : le bâtiment est bientôt terminé !* » En attendant, pour de telles sorties, les élèves sont obligés d'être accompagnés en voiture par un parent volontaire, ce qui est moins facile à organiser. En conséquence, la plupart des échanges entre les élèves et les professionnels qui les intéressent ont désormais lieu par mail ou Skype, en classe. Pour compenser cette difficulté d'accès aux intervenants extérieurs et enrichir encore la diversité des savoirs et activités proposés aux élèves, l'école a cependant mis en place des « matinées des parents », thème qui sera développé au point suivant.

9. Impliquer les parents

Chez les enseignants, on constate assez souvent une grande réticence à ouvrir sa classe aux parents. Ces derniers déposent leurs enfants devant l'école, viennent les chercher le soir, peuvent venir discuter sur rendez-vous – en général quand il y a un problème avec l'enfant – et sont sollicités pour accompagner les occasionnelles sorties. Leurs interactions avec l'enseignant se réduisent souvent à ces formalités, si bien qu'on peut dire que les parents sont à peu près exclus de l'école. Pourtant, les instructions de l'Éducation nationale parlent bien de la nécessité d'instaurer un « partenariat éducatif » entre l'école et les parents. Moi-même, lorsque j'étais animateur, l'idée de travailler au vu et su des parents me mettait mal à l'aise. Mais, après avoir vu comment fonctionnent d'autres écoles à l'étranger, je reconsidère l'intérêt de réellement travailler avec les parents et de leur ouvrir les portes de la classe.

C'est là encore à Ao Tawhiti, en Nouvelle-Zélande, que je trouvai l'exemple de travail avec les parents le plus parlant. C'est le seul endroit qui, à mon sens, fait réellement cas de l'idée de « partenariat éducatif » entre les parents et l'école. **En inscrivant leur enfant à cet établissement, les parents s'engagent à coopérer pleinement avec les enseignants et à donner au moins une demi-journée de leur temps par an à l'établissement, que ce soit pour accompagner les enfants en sortie, animer un atelier ou donner un coup de main en maintenance.** Résultat : je voyais presque tous les jours des parents ou grands-parents dans l'école, vaquant aux diverses tâches auxquelles ils s'étaient engagés.

Dans cet établissement, le partenariat pédagogique entre éducateurs et parents est primordial, ce que souligne le principal, Ian Hayes, à chaque fois qu'il présente l'école au public : « *Les parents, qui connaissent le mieux l'enfant, et l'enseignant, qui connait le mieux les méthodes pour apprendre, ne peuvent que travailler ensemble.* »

Au quotidien, l'école est ouverte aux parents en permanence. Ceux-ci peuvent rester en classe en choisissant de jouer un rôle actif en aidant les enseignants[59] **ou en étant de simples observateurs des élèves en activité.** Plusieurs parents m'ont expliqué qu'ils se sentent parfaitement en confiance dans cette école, en raison de la grande transparence dans laquelle les enseignants travaillent (ce qui ne signifie pas qu'il n'y ait pas parfois des conflits d'idées entre l'équipe pédagogique et certains parents). Une maman, arrivée à cette rentrée dans l'école, de confier : « *Mon garçon, je l'ai inscrit cette année à Ao Tawhiti. Dans son ancien primaire, il allait très mal. Il n'avait pas d'amis. Il était même harcelé, on lui disait qu'il était gros, moche, des méchancetés comme ça. Il ne nous disait pas grand-chose mais, avec son papa, on voyait bien qu'il était anéanti ; à l'école, les enseignants nous affirmaient que ça allait, mais nous ne pouvions pas aller voir ce qui se passait vraiment. Alors ici ça me rassure de voir qu'il va bien, il est un peu timide mais personne n'a l'air de lui vouloir du mal, il est même bien accueilli, s'est fait quelques copains qui ont la même passion que lui pour les jeux de rôle. Ça m'enlève un gros poids de le voir heureux comme ça. Je crois qu'il reprend confiance.* »

Il est parfaitement normal à Ao Tawhiti que cinq ou six parents passent une demi-heure dans la classe, le matin lors du temps de regroupement des élèves ou avant la sortie des élèves, pour regarder l'avancée des projets de leurs enfants, les voir interagir avec leurs amis... J'ai pu observer aussi que, de temps en temps, des mamans restaient une heure de plus pour assister au travail des élèves, tout en allaitant leur nourrisson en classe ! Le père d'un garçon autiste venait aussi régulièrement passer du temps avec son fils pour l'accompagner dans ses apprentissages. Et tous les vendredis matin, lors de la présentation des travaux des élèves volontaires à leurs pairs, il n'est pas rare qu'une dizaine de parents se pressent dans les classes pour assister à ce moment « solennel » et éprouver ainsi de la fierté devant l'exposé de leur progéniture.

Les enseignants qui craignent d'être submergés par des hordes de parents en adoptant une telle mesure peuvent se rassurer ! À Ao Tawhiti, sur toute l'école primaire et ses 150 élèves, seuls 5 mamans et 2 papas étaient présents quasi quotidiennement. Un rôle actif avait été confié à chacun pour évaluer les élèves, animer des séances de sport, aider sur le plan administratif et préparer le matériel des séances. Ces activités-là sont purement bénévoles, et les parents volontaires qui s'y sont engagés ont à cœur de les réaliser avec sérieux.

C'est finalement à l'occasion des sorties que l'on trouve le plus grand nombre de parents, puisqu'ils sont alors explicitement sollicités pour transporter les élèves à bon port, avec leur propre véhicule, pendant que les professeurs font de même (j'étais assez surpris de ce degré de confiance, je dois l'admettre).

Pour avoir observé cette école pendant six semaines, je crois que le fait d'autoriser les parents à passer du temps dans les locaux permet de dissiper certains malentendus et d'éviter des conflits du type « *Pourquoi avez-vous puni ma fille ? Elle n'a rien fait, ce sont les autres qui l'embêtent tout le temps, vous en faites un bouc émissaire !* »

Les parents peuvent plus facilement se rendre compte du comportement de leur enfant sur le temps scolaire et apprennent à mieux le connaitre. **Ce que voit l'adulte de son enfant à l'école ne se limite plus alors à un simple bulletin de notes orné de quelques appréciations, ni à un carnet de suivi ou s'alignent sur le papier les preuves de réussite ou d'échec.** Plutôt que de se sentir en permanence dans le flou, impuissants voire bafoués, les parents sont plus proches de la réalité que vit leur enfant. Comme l'écrit Bernard Collot, *« paradoxalement, alors qu'on accuse les parents de beaucoup de maux de l'école, celle-ci les déresponsabilise quotidiennement de leurs enfants en leur ôtant tout pouvoir, ne serait-ce qu'un droit de regard, de discussion et pourquoi pas de critique, de proposition »*.

Le lien de confiance qui nait entre parents et enseignants se reporte sur l'enfant, qui n'est plus « abandonné » devant l'école et « récupéré » à la sortie, mais accompagné, confié à des adultes connus des parents. Il devient plus clair pour l'enfant que parents et enseignants œuvrent communément pour son bien. Je constatais aussi chez les enfants, surtout les plus jeunes, que la simple présence occasionnelle de leur géniteur les rendait très fiers. Ils s'empressaient de leur montrer ce qu'ils faisaient en classe, de présenter leurs amis.

En parallèle du simple fait d'ouvrir l'école aux parents, une matinée destinée aux « ateliers des familles » est également organisée tous les jeudis. Il s'agit de **permettre aux parents, grands-parents, grandes sœurs et grands frères de venir proposer des ateliers aux enfants toutes les semaines.** Là encore, il est question d'un engagement sur la durée, puisque les enfants s'inscrivent à l'atelier de leur choix pour une période de deux mois. Pendant que des ateliers (bricolage, théâtre, cuisine, jardinage et langues vivantes…) sont proposés, les enfants qui n'ont pas souhaité s'inscrire dans un des groupes travaillent comme d'habitude sur leur projet personnel, avec un soutien renforcé de la part des enseignants, plus disponibles. En effet, **les parents pouvant accueillir jusqu'à 10 enfants dans leur atelier, sans avoir à être supervisés par les enseignants, ceux-ci peuvent alors se consacrer à d'autres tâches.**

Je tiens à rappeler que cette école est publique et gratuite, mais qu'en raison de ses méthodes pédagogiques particulières, les parents doivent adhérer au projet d'école et notamment à l'idée de « partenariat éducatif ». Pourtant une telle ouverture ne garantit pas que les relations entre parents et enseignants seront exemptes de tout conflit. « *Certes,* précise Ian Hayes, *les parents sont en confiance et s'investissent bien plus dans la scolarité de leur enfant que dans une école classique, et nous (professeurs et parents) sommes tous d'accord avec la philosophie de l'école. Pour autant, nous avons parfois des désaccords quand il s'agit de l'application concrète de celle-ci. De là naissent donc des conflits, mais je crois que c'est inévitable. Au moins, les bons rapports que nous avons instaurés en amont permettent de résoudre les différends sans animosité, la plupart du temps.* »

Enfin, point non négligeable, cette ouverture aux parents permet aussi de **mettre en accord les règles de vie et les valeurs enseignées aux enfants à l'école et au sein des familles,** ce qui, je crois, est particulièrement efficace à Ao Tawhiti.

En témoigne le fait que l'école est gérée par un conseil d'administration dont font partie le directeur de l'établissement, un représentant du personnel enseignant, un représentant des élèves et surtout cinq représentants des parents ! Le rôle de cette instance est notamment de s'assurer que l'établissement continue à faire vivre sa philosophie originelle. Par ailleurs, ce conseil se charge aussi, par exemple, de recruter les nouveaux enseignants.

On peut donc envisager, au vu de cet exemple, des modes d'inclusion des parents très variés, de la simple ouverture de la classe à la cogestion de l'établissement.

10. Initier aux langues étrangères dès le plus jeune âge

Enfant, je n'avais aucun contact avec les langues étrangères, et ce n'est qu'en arrivant en 6e que j'ai « rencontré » l'anglais. Sous la plus hideuse des formes : celle de l'alphabet phonétique, que nous apprîmes pendant un an, sans que je ne puisse jamais en déceler l'utilité. En effet, après une année de cours, je restais toujours incapable de dire ne serait-ce qu'une phrase correcte. Ma rencontre avec l'allemand en 4e ne fut pas beaucoup plus fructueuse. Au bout d'un an, je savais certes dire des choses fort intéressantes telles que Windkraftanlagen (« éoliennes »), mais j'étais bien incapable de traduire « fourchette » dans la langue de Goethe, encore moins de demander une quelconque information à un guichet en Allemagne.

Ce n'est finalement qu'à partir du moment où mes parents m'envoyèrent passer une à deux semaines par an en Irlande et en Allemagne que je devins capable de parler et de comprendre ces langues. Un seul séjour fut déclencheur !

Rares sont ceux qui parviennent aujourd'hui à s'exprimer de manière intelligible dans une langue étrangère sans avoir été exposés à cette langue de manière intensive. Or en France, on est bien peu exposé à l'anglais durant la scolarité. Conséquence directe ou pas, il résulte des évaluations menées par la Commission européenne que **les performances des Français en anglais sont très mauvaises, puisque la France se classe dernière parmi les pays européens**. Seuls 14 % des élèves atteignent un niveau leur permettant de communiquer (niveau B1 du CECRL) à la fin du collège, contre 82 % des élèves suédois. Nos voisins belges et espagnols, pas réputés comme étant les meilleurs en anglais – et dont la langue est soit identique soit similaire –, font mieux : respectivement 29 % et 26 %.[60]

Au collège, l'anglais est enseigné pendant 3 heures seulement par semaine, et l'allemand / l'espagnol 2 heures 30 seulement. Le problème n'est pas uniquement que c'est bien peu – car cela reste dans la moyenne de ce qui se fait dans les autres pays européens –, mais qu'en raison du peu de journées de cours dans l'année, l'exposition à ces langues n'est pas régulière. Surtout, les langues étrangères ne sont pas enseignées dans des situations réelles, à des fins de communication authentiques.

J'ai pu voir quelques exemples de pratiques de langues étrangères qui m'ont semblé assez riches.

À l'académie Vaudrin, anciennement appelée école trilingue de Vaudreuil – nom explicite –, **les élèves suivent neuf heures de cours en français par semaine, dès le début de**

leur scolarité (de plus, le sport est aussi pratiqué quotidiennement en français), soit trois demi-journées en français par semaine. **Le reste des cours est en anglais,** à l'exception des trois heures hebdomadaires de cours d'espagnol.

Chaque classe a deux professeurs principaux qui enseignent dans leur langue maternelle, et tous les enfants et les adultes de l'école sont parfaitement bilingues (quand ce n'est pas trilingues). Pourtant, cela est loin d'être naturel au Québec. Chaque école est, selon le quartier, francophone ou anglophone, particulièrement dans la région de Montréal (qui accueille 68 % de francophones), adjacente à l'Ontario, région anglophone.

En raison du choix du trilinguisme, aucune langue n'étant officiellement dominante dans l'école, l'académie Vaudrin ne reçoit aucune subvention du gouvernement du Québec ; la scolarité de chaque élève revient donc à 12 000 dollars canadiens par an : « *Montréal est une ville bilingue, mais où les gens souvent ne s'entendent pas bien* »[61], explique Michelle Vaudrin. « *Et cette tendance s'accentue avec le nombre croissant d'immigrés qui viennent travailler à Montréal. Pourquoi forcer les enfants à être élevés dans une seule langue, l'anglais ou le français ? C'est se couper du reste de ses concitoyens !* »

« *Il est essentiel que chaque adulte communique avec les enfants en une seule langue, même s'il est bilingue. Toutes les recherches le montrent.*[62] *Un adulte, une langue. Point. On ne passe pas de l'une à l'autre, sinon ça perturbe totalement l'apprentissage de la langue et, en plus, ça ne motive plus les élèves qui s'aperçoivent qu'ils peuvent être compris par l'adulte dans leur langue maternelle, sans avoir à faire d'efforts* », continue Michelle Vaudrin. Ce principe est appliqué dans toutes les classes, bien que les enseignants soient en général bilingues, voire trilingues.

« ***Certains établissements proposent à leurs élèves de lycée des classes pour passer le baccalauréat international. Mais c'est une blague ! On saupoudre un peu de langue seconde et puis c'est tout. Ce n'est pas du bilinguisme ça !*** *Et pourtant ça coute très cher en subventions.* »

Dans un pays où, comme en France, une langue est quasi hégémonique, voici l'exemple de l'école Waldorf de Cologne : les élèves commencent à apprendre l'anglais et le russe dès sept ans. Au fil des années, le cours passe progressivement d'une forme ludique (à grand renfort de chansons et de jeux de rôle) à une forme plus classique.

Le but n'est pas, surtout dans les petites classes, que les élèves soient parfaitement trilingues, mais qu'ils puissent avoir l'oreille exercée à des langues très différentes l'une de l'autre (d'où le choix du russe dans cette école). C'est aussi ce qui figure dans les programmes de l'école maternelle en France. On m'explique que l'apprentissage de ces langues doit permettre de prendre conscience des spécificités de la langue allemande et d'élargir son horizon, car chaque langue exprime la réalité de manière différente. Je trouve l'idée intéressante et il est d'ailleurs démontré que l'apprentissage d'une langue étrangère a des impacts positifs sur la connaissance de sa langue maternelle, particulièrement dans le cas d'élèves de niveau scolaire moyen.[63] Mais au final, le niveau en français et en russe des étudiants des établissements Steiner que je visitais est faible, la plupart des élèves n'étant pas motivés par ces langues.

Initier les élèves aux langues étrangères dès l'école primaire me semble déterminant dans le sens où plus on apprend tôt dans un domaine, plus vite on sera à l'aise dans celui-ci (dans le cas de l'anglais, les enjeux sont importants en termes d'avenir professionnel et de vie quotidienne). En revanche, **il semblerait que les enfants tout juste en âge d'être scolarisés n'apprennent pas mieux que des adolescents ou des adultes.** La capacité naturelle de l'enfant à percevoir et à reproduire des sons qui ne sont pas présents dans sa langue commencerait à diminuer drastiquement dès… 9 mois ![64]

En Finlande, 70 % de la population parle très bien anglais, sans que cela soit dû à l'école. Pour autant, on pourrait s'inspirer de la manière dont les jeunes Finlandais apprennent l'anglais en dehors de leurs cours (qui sont très classiques et peu fréquents). En effet, l'attrait des Finlandais pour cette langue se justifie par un réel besoin : le manque de productions en finnois, dans tous les domaines (scientifique, médiatique, artistique…). Le pays n'ayant que cinq millions d'habitants, la création de contenus y est faible car les producteurs locaux ont moins de débouchés en finnois que ceux de pays dont la langue est plus répandue. Pour avoir des débouchés suffisants, les entreprises doivent s'internationaliser et demandent à leurs employés de parler anglais couramment.

Chez les plus jeunes, l'intense usage des réseaux sociaux tels qu'Instagram, Snapchat, Twitter ou Facebook, qui permettent d'échanger avec le monde entier, conduit les utilisateurs à développer leurs compétences en anglais. En effet, les raisons d'être motivé sont nombreuses : pour avoir plus de *followers*, comprendre ce qu'écrivent ses stars préférées ou rigoler à des « memes », il est indispensable de maitriser l'anglais.

La situation est un peu différente en France puisqu'il y a nettement plus de francophones dans le monde que de finnophones, mais je pense que nous pouvons nous inspirer de ce que vivent les Finlandais. En créant, par exemple, des cours qui proposent principalement d'échanger avec des personnes vivant dans d'autres pays, comme le font les jeunes Finlandais sur les réseaux sociaux. Ces réseaux sociaux peuvent aisément être utilisés à des fins pédagogiques. On pourrait également généraliser les échanges réguliers avec une classe d'un pays étranger où les élèves apprennent aussi l'anglais (voire plusieurs classes de continents différents !). Laisser les élèves libres de proposer ce dont ils souhaitent parler et leur apporter les outils pour formuler ce qu'ils souhaitent se dire. Cela commencerait sans doute par des présentations et la description de l'environnement de chacun, avant de déboucher sur les passions des écoliers, pour peut-être partager la musique, les jeux, les films, les livres qu'ils aiment.

En Nouvelle-Zélande, dans les écoles que j'ai visitées, les élèves apprennent uniquement les langues qui les intéressent, et les intervenants sont ensuite recrutés en

fonction de la demande des écoliers, ou parmi les parents d'élèves (qui interviennent alors bénévolement). Chez les plus jeunes, j'assistais à des cours de mandarin, d'espagnol et de français (avec, en plus, des initiations occasionnelles à de nouvelles langues). De ce que j'ai vu dans ce pays, **je retiendrai la liberté de choisir la langue que l'on apprend mais aussi l'usage des applications et sites permettant de progresser de manière autonome entre les cours (Babbel, Duolingo, etc.)**. Je ne crois pas que les applications soient suffisantes pour atteindre un niveau de maitrise minimum en langue étrangère, contrairement à ce que celles-ci annoncent, mais j'estime en revanche qu'elles sont des **outils pertinents pour accompagner un élève qui débute dans l'apprentissage d'une langue**. Elles permettent à chaque étudiant d'aller à son rythme dans la compréhension de la logique de la langue, de développer la conscience phonologique spécifique à celle-ci ainsi qu'un vocabulaire riche et varié, en apprenant instantanément de ses erreurs pour se corriger. J'ai aussi pu constater à quel point certains élèves s'enthousiasment pour ces applications, qui permettent d'entrainer aussi bien l'oral que l'écrit et l'écoute en toute autonomie.

À mon sens, pour permettre aux élèves de réellement s'améliorer et de prendre confiance en leurs capacités, **rien ne surpasse un échange linguistique en immersion totale** (pas juste un voyage scolaire, pendant lequel les élèves passent plus de temps avec leurs camarades français que dans les familles d'accueil, même si ce genre d'excursion a d'autres atouts). Les établissements du secondaire peuvent organiser des échanges gratuits et individuels avec des élèves d'établissements étrangers, sur le temps des cours ou bien sur le temps des vacances scolaires ! **Ces programmes existent déjà mais sont malheureusement peu connus. Les programmes d'échanges officiels franco-allemands (« Heinrich Heine », « Voltaire » et « Brigitte Sauzay ») prévoient ainsi de passer entre trois semaines et six mois à l'étranger, sans pour autant avoir besoin de redoubler !** S'il est possible pour les élèves de s'engager seuls dans ce type d'échange (à condition que leur lycée le leur permette), il existe aussi des établissements qui instituent ce genre d'échange en le proposant à tous les élèves volontaires et en les y préparant, ce qui est à mon sens nécessaire si l'on veut que la maitrise des langues étrangères ne reste pas l'apanage des enfants issus des familles les mieux renseignées et les moins effrayées par le séjour de leur jeune ado à l'étranger pendant plusieurs semaines.

Pourquoi ne pas enseigner certaines matières en anglais ? Et pas uniquement avec les élèves les « plus doués » (qui sont souvent ceux issus des milieux les plus favorisés) comme cela se fait déjà dans les rares classes « EMILE » ou celles qui préparent au bac international, à l'AbiBac, au BachiBac ou à l'EsaBac. Ces sections de lycées publics sont prises d'assaut par une élite internationale et des parents bien renseignés qui ne s'empressent pas de faire connaitre ces classes. Pourtant, celles-ci permettent d'obtenir simultanément le baccalauréat français et leur équivalent allemand, espagnol ou italien. Les étudiants qui en sont issus trustent ensuite les filières post-bac prestigieuses, telles que Sciences-Po, les classes prépa ou encore les parcours universitaires binationaux.

Si l'une des conditions à la sélection pour entrer dans ces classes bilingues est d'avoir un niveau correct dans la langue d'enseignement choisie[65], elle ne doit pas devenir un moyen d'éliminer les élèves les moins performants scolairement. Et surtout pas ceux dont les parents ne peuvent leur permettre de voyager ou d'être en immersion à l'étranger, comme c'est le cas actuellement ! La motivation, essentielle dans l'apprentissage des langues comme dans tout apprentissage, devrait à mon sens être le premier critère de sélection. Pour cela, l'existence de ces classes doit être généralisée, afin qu'elles soient connues par toutes les familles et que tout élève intéressé puisse en profiter. Il n'y a pas d'inquiétude à avoir quant à la capacité des élèves à suivre les cours : les études le montrent, les élèves qui apprennent certaines matières – les mathématiques par exemple – dans une langue étrangère n'ont ni plus ni moins de difficulté à apprendre les contenus disciplinaires que ceux qui suivent les cours dans leur langue maternelle.[66]

Il est possible de permettre à tous les élèves de maitriser suffisamment l'anglais pour se faire comprendre d'à peu près tout le monde sur Terre. **Aucune étude n'a pu démontrer que les locuteurs francophones auraient par nature plus de mal que les locuteurs d'autres langues à apprendre l'anglais et les autres langues étrangères.[67] D'ailleurs, les Belges francophones n'ont pas les mêmes difficultés que les Français !** Parmi les exemples que j'ai décrits, il y a sans doute de quoi s'inspirer, tout en adaptant ces idées à notre contexte local.

FERNAND-LABORI - PARIS, FRANCE

Nombre d'élèves : 126 | **École :** publique
Pédagogie : Freinet et pédagogie institutionnelle de Fernand Oury

L'école primaire publique Fernand-Labori est située Porte de Clignancourt, dans le nord du 18e arrondissement de Paris, entre les boulevards extérieurs et le périphérique. Les six salles de classe entourent la petite cour de bitume au milieu de laquelle pousse un grand platane. La plupart des enseignants travaillent en pédagogie Freinet, et tous ont des doubles voire même des triples niveaux. L'école se trouve en REP+ (Réseau d'enseignement prioritaire, anciennement appelé ZEP) et accueille principalement des élèves de foyers très modestes, issus en majorité de l'immigration nord-africaine et subsaharienne. C'est donc dans un contexte d'enseignement difficile qu'officient les professeurs de l'école, ce qui selon moi donne d'autant plus de crédit à leur travail et aux méthodes qu'ils emploient.

RUE
FERNAND
LABORI

CAMPUS MONTESSORI - VIENNE, AUTRICHE

Nombre d'élèves : 170 | **École :** privée
Pédagogie : Montessori

Le campus Montessori de Vienne se répartit sur trois grosses maisons dans un même quartier légèrement excentré du centre-ville. À chacune d'entre elles est accolé un jardin où les enfants vont assez peu, puisqu'ils restent quasiment toujours en classe. À l'intérieur des salles, on a plus l'impression d'être dans de grands appartements que dans une école – ce qui n'est pas très surprenant, les espaces ayant autrefois été habités. Une ambiance feutrée règne dans les petites classes, où tous chuchotent tandis qu'ils effectuent différents travaux. Dans les classes de collège et de lycée, les échanges entre élèves sont bien plus nombreux et non sollicités, ce qui lors de certains cours permet de créer une ambiance plus chaleureuse. Dans toutes les classes, on retrouve la même organisation : le matériel pédagogique est disposé le long des murs, les élèves s'en servent librement et peuvent travailler aussi bien assis à une table qu'allongés par terre sur de moelleux tapis, à n'importe quel âge.

Chapitre III

Une école du vivre-ensemble et de la coopération

11. Inciter les enfants à s'entraider : exemple des ateliers d'enfants

À peu près tout le monde est d'accord pour dire qu'il est essentiel de faire coopérer les élèves à l'école, mais les situations le permettant sont rarement mises en œuvre. Pourtant, nombreux sont les chercheurs qui ont insisté sur les avantages du travail en groupe pour la progression des élèves.

Ces situations sont aussi bénéfiques pour les apprentissages scolaires que pour le développement des compétences sociales. Ainsi, **pour le psychologue américain Jerome Bruner, professeur à Harvard et à Oxford, il n'y a pas d'apprentissage possible sans interaction avec les autres.** Pour le chercheur, « *il est essentiel que l'enfant puisse prendre de la distance par rapport à son activité pour vraiment la maitriser et c'est le langage en tant qu'instrument à la fois de pensée et de communication qui permettra la distanciation de l'objet d'apprentissage* »[68]. Une théorie également défendue par Vygotski (Heidar, 2016). Aussi, « *les situations d'interactions, en binômes ou dans des petits groupes, suivies de synthèses collectives permettent aux élèves de s'entrainer à la communication et à l'argumentation dans la confrontation, à développer leur esprit critique, à accepter le point de vue des autres, à s'enrichir mutuellement, à ouvrir leur esprit aux différences et à la tolérance* ».[69]

Lors de mon voyage, j'ai pu voir de nombreux exemples de coopération. Ainsi, en pédagogie Freinet, l'entraide est au cœur de l'apprentissage. Ces éléments sont repris dans certaines écoles finlandaises ou encore dans les écoles que je visitais en Nouvelle-Zélande.

Regarder ce qu'a fait son voisin pour s'en inspirer est souvent considéré comme de la triche, mais, dans les classes Freinet, les élèves sont incités à travailler ensemble en permanence. Et donc, oui, **à travailler à deux sur une même dictée par exemple** !

Dans la classe de Sabine Gessain, à Labori, les enfants travaillent généralement en groupes. **Ils se corrigent réciproquement avant de rendre un devoir à l'enseignante pour qu'elle le relise.** Ils font aussi régulièrement une « **dictée coopérative** ». Durant cet exercice, l'enseignante débute la séance en dictant un texte (trouvé dans un livre ou écrit par un enfant) à la classe. Les élèves écrivent d'abord individuellement, puis, en binômes ou en petits groupes hétérogènes, ils retravaillent leur dictée pour produire un texte collectif. Ils s'interrogent, doivent se justifier vis-à-vis des autres, prennent conscience de leurs erreurs, réfléchissent à l'application des règles grammaticales…

Pour la chercheuse française Danièle Cogis, comme pour de nombreux chercheurs internationaux, les « dictées réflexives » ou « coopératives » revêtent une grande importance.[70] Elles permettent de combiner « les trois leviers de l'apprentissage » :

- le conflit sociocognitif qui favorise la construction conceptuelle dans les interactions ;

• la métacognition qui aide à comprendre ce qui ne va pas dans ses propres raisonnements ;
• le travail en Zone proximale de développement qui vise à permettre à chacun de n'être jamais face à une tâche qui soit ou trop facile ou trop difficile, mais face à une tâche qu'il pourra résoudre en s'interrogeant et en recevant de l'aide.[71]

Le travail coopératif sur la dictée peut aussi se faire directement sur les productions des élèves (ce qui est plus motivant encore, comme le rappelle le chercheur Jean-Pierre Jaffré)[72], sans passer par un exercice de dictée.

Dans la classe voisine, celle de Magalie, l'entraide est institutionnalisée. Les élèves qui ont besoin d'aide laissent leur « passeport » sur la table d'un camarade afin que celui-ci vienne les conseiller une fois son propre travail terminé. « *Ce passeport est nécessaire à l'organisation de l'entraide, car il ne s'agit pas non plus que ceux qui ont plus de difficultés empêchent les autres de travailler en les assaillant de questions en permanence ! Souvent, le temps qu'un élève "expert" vienne les aider, ils ont déjà trouvé une solution !* », explique l'enseignante. « *Avant, je n'arrivais pas à répondre aux sollicitations de tous, certains élèves perdaient patience, se dissipaient, bref, ça n'allait pas ; mais depuis que la classe a adopté ce fonctionnement, j'ai plus de temps pour être avec les élèves les plus en difficulté dans la classe, qui ont plus besoin de moi* », continue Magalie.

Les « ceintures de niveau » de Fernand Oury, dont j'ai parlé précédemment, se révèlent utiles pour coopérer. Afin que les élèves sachent à qui s'adresser en fonction de la nature de leur difficulté, les « ceintures de niveau » sont affichées au mur.

Ateliers d'enfants : au premier plan, des élèves s'apprennent à coudre un petit coussin à Ao Tawhiti en Nouvelle-Zélande.

Ainsi, les élèves « ceintures blanches » en écriture savent qu'ils peuvent aller demander de l'aide à une « ceinture verte », par exemple.[73]

Les travaux impliquant la coopération dans les classes Freinet sont nombreux, je n'ai évoqué que les aspects pratiques principaux de ce concept. Les personnes intéressées trouveront plus d'informations dans les ouvrages de Sylvain Connac, par exemple.

Les « **ateliers d'enfants** » auxquels j'assistais en Nouvelle-Zélande, à Ao Tawhiti, constituent une autre forme de « tutorat ». Ces ateliers consistent à donner aux élèves de toutes les classes – et donc de tous les niveaux – **l'occasion d'enseigner à leurs pairs**. En pratique, la veille des ateliers d'enfants, les élèves qui en ont envie peuvent s'inscrire pour proposer de mener un atelier dans un domaine qui leur plait et pour lequel ils se sentent « experts » (c'est-à-dire plus qualifiés que la majeure partie du groupe). **Ces ateliers sont proposés à toutes les classes en même temps**, afin que le choix d'activités soit large et que chacun puisse y trouver son compte, mais aussi afin que les groupes comprennent des élèves de tous âges.

Aperçu des apprentissages proposés : **coudre une jupe, connaitre les règles de Donjons et Dragons, dessiner des yeux de mangas, jouer au baseball, utiliser iMovies, connaitre les dinosaures… Les sujets sont très variés, et les élèves attendent avec hâte ces moments qui ont lieu tous les jeudis après-midi, pendant une heure et demie.** Les groupes s'installent dans la salle qui leur est attribuée et travaillent en autonomie. « Le challenge est pour ceux qui animent les ateliers », s'amuse le directeur. En effet, pas facile de gérer un groupe d'enfants d'âges variés et de caractères différents. Pas facile non plus, pour certains, de ne pas devenir autoritaires et de garder une posture bienveillante, surtout quand ceux qui viennent à l'atelier sont plus jeunes et ont du mal à faire l'activité proposée ! C'est pourquoi les enseignants, qui circulent d'un atelier à l'autre sans intervenir, prévoient un temps d'échange en fin de journée. Cela permet à chacun d'évaluer les apprentissages réalisés, de commenter et d'analyser le déroulé des ateliers. Chacun peut se rendre compte de son comportement et apprendre de ses erreurs pour mieux gérer l'atelier la fois suivante. Cela constitue un gros travail sur le développement des compétences psychosociales, par la pratique.

Le tutorat, quelles que soient ses formes, a de nombreux avantages. Ainsi, pour Jacky Cailler, « ***l'effet paradoxal est que c'est le tuteur qui bénéficie le plus du tutorat,*** *parce qu'il est obligé de mettre en œuvre cette articulation entre pensée et langage. Même un élève en difficulté de lecture qui va aller lire des histoires aux petits de la maternelle va se trouver dans une telle valorisation qu'il va modifier son niveau de langue, être plus exigeant envers sa propre maitrise des savoirs scolaires* ».[74] Sylvain Connac ajoute que ces situations de tutorat amènent « *l'élève qui aide à revisiter des connaissances, à les réorganiser, à mieux voir l'essentiel. Ayant à transmettre un savoir, il se retrouve dans l'obligation de produire des explications compréhensibles. Cela favorise également l'empathie dans le sens où il est obligé de se mettre à la place de celui qu'il aide, s'il veut réellement lui permettre d'apprendre* ».[75]

Les interactions entre enfants sont un processus naturel plus que bénéfique pour les élèves. Si l'on souhaite développer la coopération entre élèves, pouvoir travailler dans une classe multiniveau est décisif. Ce fonctionnement fait l'objet du point suivant.

12. Généraliser les classes multiniveaux

En France, les classes à double niveau ne sont pas rares puisqu'elles concernent à peu près 30 % de l'ensemble des classes du primaire (maternelle incluse)[76]. Cependant, il est plus rare de voir des classes à triple niveau dans le 1er degré, et ce type de fonctionnement n'est absolument pas envisagé dans le secondaire. À l'école maternelle, que je connais bien pour y avoir travaillé comme éducateur, animateur et professeur, les parents sont rarement satisfaits de voir que leurs enfants sont en classe à double niveau. Ils s'inquiètent pour leur progéniture : que les petits aient peur des plus grands, qu'ils soient bousculés… ils craignent également, pour les « grands », que leurs apprentissages soient ralentis par les plus jeunes. Même les enseignants sont souvent réticents à prendre en charge une telle classe, celle-ci demandant plus d'organisation et de gestion du temps, donc un surcroit de travail. Cela est particulièrement vrai quand on est habitué à travailler avec une « progression à l'année » détaillant les notions à enseigner aux élèves à chaque période, en fonction de leur âge et donc du niveau supposé du groupe.

J'ai longtemps partagé ces craintes : tout en comprenant l'intérêt de mélanger des enfants d'âges différents, je m'inquiétais de la manière d'organiser la classe. Mais, durant mon voyage, j'ai compris que les problèmes soulevés par les classes multi-âges proviennent du fait qu'elles questionnent le mode d'enseignement classique : faire la même leçon en même temps à tous les élèves de la classe, au motif qu'ayant tous le même âge, ils doivent en être à peu près au même point en termes de développement cognitif et de connaissances. **Ce qui fait peur finalement, ce n'est pas le multiâge, c'est le multiprogramme !**

À partir du moment où le mode d'enseignement se base sur l'autonomie et le choix des élèves, je crois que les classes multiâges (et pas seulement à double niveau) peuvent se révéler très enrichissantes. C'est du moins ce que m'ont enseigné les écoles de pédagogie Montessori, Freinet ou d'inspiration démocratique.

Au Canada et à Paris, du fait de contraintes extérieures, les classes dans lesquelles je me suis immergé n'ont que deux niveaux, malgré l'envie des enseignants de mêler des groupes d'âges plus variés. En revanche, sur le campus Montessori à Vienne et à Ao Tawhiti en Nouvelle-Zélande, chaque classe fonctionne par triple niveau.

De plus, à Ao Tawhiti, lors de trois demi-journées par semaine, les élèves de tous âges de l'école se retrouvent mélangés, dans le cadre des ateliers menés par les parents et de ceux menés par les enfants eux-mêmes. Enfin, à Tamariki, tous les enfants, de 6 à 12 ans, vivent ensemble et prennent part à des activités similaires s'ils le souhaitent. Une salle est destinée aux activités des plus jeunes (jeux de construction, livres pour débutants, pâte à modeler…) et une autre aux plus âgés (ordinateurs, livres de mathématiques, de sciences ou d'histoire, microscopes…), mais les élèves ont la possibilité d'aller dans la salle de leur choix. Surtout, les autres pièces de l'école ne sont pas réservées aux élèves d'une classe d'âge en particulier, mais pensées par thématiques (la salle d'art, la salle de chant, la bibliothèque, la salle des jeux de société, la salle des costumes, la cuisine, la salle de réunion). Chaque pièce a ainsi des règles d'utilisation spécifiques : dans la bibliothèque, il faut se montrer silencieux. On voit, à travers ces exemples, qu'il est possible de mélanger des élèves d'âges différents de bien des manières…

« ***Séparer les élèves en fonction de leur âge, c'est artificiel. Est-ce qu'on voit ça dans la vraie vie, en-dehors de l'école ? Non, souvent, les enfants jouent avec des gamins plus jeunes, plus vieux…*** *Certes, un ado de 12 ans sera rarement ami avec un enfant de 2 ans, puisqu'ils n'auront pas du tout les mêmes intérêts ni les mêmes capacités ; mais, lorsque les élèves n'ont que deux ou trois ans d'écart, ce n'est pas la même chose* », m'explique Ian Hayes, d'Ao Tawhiti. Un avis partagé par Montessori, Freinet et Greenberg et par tous ceux qui se réfèrent à ces grands pédagogues.[77]

« *L'idée, c'est que chaque enfant possède son propre rythme d'apprentissage, peu importe son âge. L'éducatrice doit lui proposer telle ou telle activité en fonction de sa période sensible, c'est-à-dire en fonction de la période qui semble propice pour que cet enfant puisse apprendre à développer des capacités qui lui manquent encore* », me détaille Birgit Rateniek, éducatrice Montessori à Vienne.

Le multiâges favorise donc le fait que chaque élève puisse avancer à son rythme, et donne aussi envie aux élèves les plus jeunes de se lancer dans des activités qui ne leur traverseraient pas l'esprit s'ils vivaient uniquement avec des jeunes de leur âge : Quoi de mieux, pour donner à de jeunes enfants l'envie de lire et d'écrire, que de les plonger dans un milieu où des élèves à peine plus vieux lisent et écrivent par plaisir et intérêt ? À l'inverse, peut-on s'étonner que, dans des classes de CP à un seul niveau, les enfants puissent avoir du mal à entrer dans l'écrit, à éprouver de l'intérêt pour la lecture ? Surtout quand ils viennent de familles où la lecture et l'écriture ne sont pas forcément des pratiques quotidiennes.

Dans cette classe à Inwoods Small School, des enfants de 9 à 12 ans apprennent ensemble.

L'avantage, cependant, n'est pas que pour les plus jeunes, comme l'explique Alison Brizzell, éducatrice à l'école démocratique Tamariki : « *Ici, l'école fonctionne un peu comme une grande fratrie :* ***les petits sont attirés par les activités des grands et veulent faire la même chose, ce qui les tire vers le haut et maintient leur enthousiasme pour les apprentissages à un niveau élevé. Et les plus grands, quant à eux, sont amenés à expliciter ce qu'ils savent*** *aux plus petits. Ils consolident ainsi leurs connaissances tout en développant leur empathie et leur confiance en eux, puisque les petits leur vouent souvent une grande admiration.* »

Dans cette école, j'ai pu constater que, si les enfants ont des amis de leur âge, ils n'hésitent pas à jouer avec des élèves ayant une grande différence d'âge avec eux. J'ai été positivement surpris par la capacité des enfants à organiser des jeux impliquant tous les élèves de l'école (une soixantaine), sans entrer en conflit et sans qu'un « chef » ne cherche à s'imposer. Pendant au moins deux heures, les enfants peuvent jouer, changer les règles des jeux pour en augmenter la difficulté, et ce dans la plus grande entente. L'enseignante qui veille dans le jardin de l'école n'est amenée à intervenir que très rarement, en marge du jeu, pour consoler quelques enfants qui se seraient percutés et encadrer une éventuelle résolution de conflit entre eux. Lorsque, dans leur lancée, des petits tombent ou se font mal, un grand s'approche toujours pour les consoler et les remettre sur pieds… et dans le jeu. Quel bel exemple de solidarité et d'entraide ! Voilà sans doute l'une des plus belles choses que j'ai vues durant mon voyage.

Lors des assemblées de l'école, tous les élèves, quel que soit leur âge, participent de la même manière aux débats. Selon les jours, la présidente de l'assemblée peut aussi bien avoir 7 ans que 11, et tous l'écoutent avec la même attention. Ce type de situation m'inspire beaucoup de respect.

À Ao Tawhiti, sur le campus du secondaire, les élèves peuvent choisir de s'inscrire à n'importe quel cours, qu'ils aient 13 ou 18 ans, simplement en fonction des intérêts et des besoins de chacun, que ce soit des cours de développement personnel, d'arts plastiques ou de mathématiques. Dans cette dernière discipline d'ailleurs, des cours de niveaux différents sont proposés. Ainsi, une élève de 13 ans particulièrement douée dans cette matière peut se retrouver en niveau trois, avec des étudiants de quatre ans ses ainés.

Je tiens tout de même à nuancer mon constat : **il est rare de voir des écarts d'âge de plus de trois ans**, car les enfants aiment rester avec leurs amis, et les plus jeunes n'ont généralement pas encore eu le temps d'apprendre autant que les plus grands. C'est pourquoi certains cours, comme la philosophie, ne sont proposés qu'aux élèves préparant le NCEA, l'équivalent néo-zélandais de notre baccalauréat, les modalités de l'examen étant particulières.

Dans une moindre mesure, il est intéressant de constater **qu'en Finlande, en Norvège et en Allemagne** (mais là, uniquement dans les écoles Waldorf), même s'il n'est pas question de classes à double niveau, **les élèves de 6 à 16 ans travaillent dans le même bâtiment, mangent à la même cantine et jouent dans la même cour de récréation**. Les interactions ne sont alors pas les mêmes que dans les écoles que je décris plus haut, mais se rapprochent tout de même plus de la réalité de la vie en société. Les enseignants n'éprouvent aucune inquiétude quant au fait que les élèves les plus jeunes puissent être déboussolés par la présence de leurs ainés. Ce qui me fait penser à une phrase de Sabine Gessain, enseignante Freinet, pour laquelle « ***l'avantage de mélanger des élèves d'âges variés, c'est aussi d'apaiser la classe.*** *On n'a pas les mêmes problèmes de violence quand les plus grands côtoient des enfants plus jeunes. Peut-être parce qu'ils ont alors conscience de la responsabilité qu'ils ont de donner l'exemple. Peut-être parce qu'ils se sentent moins en compétition permanente* ».

Bernard Collot complète ainsi : « *Plus les âges sont variés, plus il est facile d'être celui qui demande de l'aide, plus il est facile d'être celui qui aide. Plus il est facile que chacun soit reconnu dans sa fragilité, et dans sa force.* ***La compétition perd son intérêt.*** *On ne dira jamais assez l'importance de la reconnaissance des uns et des autres, celle-ci aboutissant à l'autoreconnaissance. Se reconnaitre comme quelqu'un. C'est une des clefs de l'état sécure, de la tranquillité affective sans laquelle aucune avancée n'est possible. D'autres pourraient dire : sans laquelle aucun apprentissage n'est possible ! »*[78]

J'ai donc pu constater lors de mon voyage que le fonctionnement en multiniveau (on pourrait dire aussi « multiâges » puisqu'une classe comporte toujours des niveaux différents, même avec des élèves d'âge identique) pouvait être très riche en termes d'apprentissage, mais aussi en termes de motivation. Dans les écoles où les élèves n'étaient pas limités dans leurs possibilités d'apprendre en fonction de ce qu'on estime « normal » d'apprendre à leur âge, comme à Ao Tawhiti, ils développaient souvent dans certaines disciplines des compétences bien supérieures à celles que l'on s'attend habituellement à trouver chez un élève du même âge. Aussi, leur enthousiasme pour n'importe quel apprentissage était absolument extraordinaire, et ce indépendamment du niveau de difficulté, comme j'ai pu l'évoquer dans le premier chapitre. Incroyable pour moi de voir ces enfants de 9 ans qui apprennent plusieurs langues, font des films, dessinent des plans précis, écrivent de véritables romans, organisent une quête pour protéger les baleines… sans pour autant s'arrêter de faire de la trottinette et de la balançoire, de lire La *Cabane magique* ou d'aimer les Pokémon !

L'organisation de classes multi-âges se heurte à des difficultés pratiques telles que le manque d'espace, le nombre trop important d'élèves ou encore des directives nationales contraires, qui conduisent à limiter l'écart d'âge entre élèves au sein d'une même classe. Cependant, de telles classes peuvent se décliner et s'organiser selon différentes modalités afin que nos élèves profitent des avantages qui découlent du mélange des âges. **N'oublions pas que des études menées pour le compte de l'Éducation nationale et reprises par l'Inspection générale dans les années 1990 ont confirmé que les élèves issus de classes uniques avaient de meilleurs résultats que la moyenne nationale !**[79]

13. Développer les projets de groupe

En France, même si les Instructions officielles encouragent les enseignants à mettre en place des projets de groupes coopératifs, dans la majorité des écoles que j'ai visitées, il est rare que les enseignants se saisissent de l'occasion. Cela tient peut-être à ce que, dans le cadre d'une pédagogie de projet, l'acquisition de compétences de base comme savoir lire, écrire et calculer semble passer en arrière-plan et ne peut se faire suivant une progression linéaire prédéfinie. Peut-être est-ce dû aussi au manque de formation et au peu d'études scientifiques à ce sujet.[80] C'est d'ailleurs ce dont se plaignent les enseignants du secondaire auxquels on demande de travailler de manière transversale sur des thèmes faisant se recouper des disciplines différentes.

Il en va de même à l'étranger où le travail de groupe des élèves ne correspond pas pour autant à des projets menés sur du long terme, ni à des projets recoupant plusieurs disciplines.

À Randaberg, les élèves travaillent sur le thème des civilisations égyptiennes et babyloniennes par groupes d'intérêt, en mêlant recherches historiques et travaux manuels (menuiserie, couture, architecture) dans l'optique d'organiser une exposition pour les autres élèves de l'école.

Le plus souvent, lorsque les élèves travaillent sur un projet collectif, c'est de manière individuelle, chacun effectuant le travail demandé « dans son coin ».

Pourtant, la « **pédagogie de projet** », qui propose « *une autre façon d'enseigner, plus motivante, plus variée, plus concrète* »[81], permet de conjuguer « *logique de l'action et apprentissages » pour donner plus de sens à ces derniers, « les connaissances apprises à l'école étant souvent morcelées, séparées dans des disciplines scolaires étanches entre elles, isolées dans le temps* »[82]. On peut définir ce type de pédagogie comme une « **entreprise qui permet à un collectif d'élèves de réaliser une production concrète, socialisable, en intégrant des savoirs nouveaux** »[83]**, mais il existe bien des façons de la pratiquer.** Certains mettent en place des projets de classe, à l'origine desquels se trouve le plus souvent l'enseignant ; d'autres préfèrent les projets en petits groupes formés en fonction d'intérêts communs, initiés par les élèves eux-mêmes (c'est ce qui était d'ailleurs dans l'idée des premiers promoteurs de ce type de pédagogie active, les américains **Kilpatrick**[84] et **Dewey**[85], ce dernier étant à l'origine de la célèbre formule « learning-by-doing », ou « apprendre en faisant » en français).

S'il est difficile d'évaluer l'intérêt de la pédagogie de projet quant à la maitrise des apprentissages, les pratiques étant tellement variées dans ce domaine, des méta-analyses permettent tout de même de se faire une idée positive de ce mode d'enseignement. Ainsi, celle du Center of Excellence in Leadership of Learning de l'université d'Indianapolis, réalisée en 2009, conclut que, **grâce à la pédagogie de projet, les élèves apprennent mieux les notions qu'on souhaite leur enseigner et voient augmenter leur motivation, leur engagement dans les activités, leur esprit critique et leurs capacités à résoudre des problèmes.**[86] D'autres études concluent que les élèves développent une attitude positive vis-à-vis des apprentissages, une plus grande confiance en soi[87], des résultats académiques équivalents ou similaires[88], même avec les élèves en difficulté (« students with special needs »)[89], et constatent une amélioration du climat scolaire et des compétences en gestion de projet (communication, adaptabilité, travail en équipe...).[90]

Je souhaite donc vous présenter deux exemples de projets transdisciplinaires impliquant un travail coopératif, situés en Norvège et en Finlande.

À Randaberg, Hendrick, jeune professeur, mène un projet sur l'Égypte antique avec sa classe, mêlant travaux manuels et histoire. Pendant un mois, les adolescents travaillent en groupes six heures par semaine, avec les camarades de leur choix, sans autre consigne que d'avoir une production à présenter lors d'une exposition destinée aux autres classes en fin de projet. Exposition qui sera accompagnée d'une visite guidée organisée par les élèves, en lien avec leur cours en histoire sur la thématique du projet.

Ils présenteront une momie (taille réelle), une pyramide, le trône de Toutankhamon, un masque mortuaire et un sarcophage couvert de hiéroglyphes. Les élèves de deux classes travaillent à la menuiserie comme à l'atelier de couture, avec du bois, du carton, du polystyrène, du papier, de la peinture… Ils sont tranquilles, tous au travail, discutent, rigolent calmement… Et surtout, ils échangent sur leur travail, s'interrogent, testent…

« *C'est un peu stressant et pas facile d'aller aider tous les élèves. C'est vrai que je n'ai jamais fait ce genre d'activité ; avec l'habitude, ça va s'améliorer, mais ça fait plaisir de les voir motivés* », explique Hendrick. « *Ce n'est pas vraiment ce qu'on nous dit de faire dans le programme, mais je vais continuer d'avoir ce genre de projet, c'est indispensable, c'est l'un des seuls moments où ils sont vraiment à fond, et puis les compétences qu'ils mettent en place – l'entraide, savoir travailler en équipe sans s'engueuler… – sont indispensables !* »

Dans le même établissement, tous les vendredis matin, l'une des classes vient présenter à tous les élèves un spectacle de théâtre, de danses ou de chansons. J'assiste à une performance faisant intervenir chœur et solistes d'une classe de CM2 pour une comédie musicale devant un large public composé d'élèves de 6 à 16 ans et de tous leurs enseignants. Un mois de préparation a été nécessaire et les élèves ont choisi les chants qu'ils souhaitaient interpréter (notamment la chanson russe pop *Santa Lucia*, du groupe Quest Pistols Show).

Quelque 300 kilomètres plus loin, à Espoo, les élèves travaillent aussi, deux matinées par semaine, sur **un projet transdisciplinaire et coopératif, cette fois sur le thème très large de la santé. Par groupes de six, ils s'activent sur les sujets de leur choix, en lien avec le thème principal.** Il y a presque autant de sujets que de groupes. Certains travaillent sur l'intérêt du sport pour la santé, d'autres sur un régime alimentaire plus sain, d'autres encore sur le cancer, le tabac, l'alcool… **Trois classes sont mélangées pour ce travail, en fonction des affinités et des intérêts des élèves,** et les enseignantes circulent entre les groupes pour répondre aux éventuelles interrogations et pour orienter les enfants.

Ces derniers sont incités à utiliser la bibliothèque comme la salle informatique (ordinateurs et tablettes), et la répartition se fait naturellement entre ceux qui préfèrent rester lire en classe et illustrer leur thème et ceux qui sont missionnés à effectuer des recherches en ligne. **L'idée est d'arriver à une production en fin de projet, trois semaines plus tard.** Il peut s'agir aussi bien d'un simple affichage que d'un Powerpoint ou d'une vidéo. « C'est nouveau pour nous de travailler comme ça. C'est même la première fois ! Ça fait partie de

À Espoo, les élèves travaillent en binôme sur un aspect du thème « la santé » qui les intéresse particulièrement, pour préparer une exposition de leurs découvertes aux autres enfants.

ce que le gouvernement veut que l'on mette en place depuis cette année pour mettre fin aux cours où un prof parle et les enfants doivent écouter et engranger un savoir tout fait avec plus ou moins de difficultés. Pour l'instant, on ne fait ça qu'une fois l'an, mais on en fait déjà plus ici que dans la plupart des écoles voisines », explique l'une des enseignantes.

« *C'est bien de travailler comme ça parce qu'on part d'une thématique que les élèves connaissent mal, mais qui est proche de leurs préoccupations et, à partir de là, on leur apprend à faire des recherches, à organiser le travail en équipes : enfin des compétences utiles pour leur avenir !* », complète Laura.

Le premier intérêt de cette pédagogie du projet concerne donc la motivation. Les élèves sont confrontés à une question qui les intéresse et pour laquelle ils doivent résoudre de nombreuses questions intermédiaires. Celles-ci nécessitent de s'engager dans des apprentissages et questionnements exigeants qui peuvent très bien relever de disciplines scolaires, et qui font ainsi sens.

Le second intérêt de la pédagogie du projet est qu'elle apprend… à gérer un projet, indépendamment du thème concerné. Une capacité qui regroupe de nombreuses compétences pratiquement indispensables à toute action humaine nécessitant de travailler en équipe (monter une entreprise ou une association, défendre ses droits ou ceux d'autrui, agir politiquement, lancer un nouveau produit, construire un bâtiment, produire un film ou un album, éditer un livre, monter un spectacle…).

Pour Kilpatrick et Dewey, les concepteurs de la pédagogie de projet, il est absolument essentiel que le projet soit celui de l'élève et non pas celui de l'enseignant. Sinon, il ne revêt alors plus aucun intérêt à leurs yeux par rapport à une séquence d'enseignement classique, la finalité du projet étant peut-être motivante pour l'enseignant mais pas forcément pour les élèves. Aussi, même si le thème global peut, comme dans l'exemple finlandais donné plus haut, être lancé par l'enseignant, il semble nécessaire qu'au sein de ce cadre général les élèves répondent aux questions qu'ils se posent réellement.

Une méthode pour mettre en place la pédagogie du projet avec un thème commun à toute la classe est présentée par Lucie Arpin et Louise Capra, dans *L'Apprentissage par projets.* De nombreux auteurs présentent des méthodes assez similaires. Le projet est découpé en trois phases. La première, c'est l'élaboration du projet collectif (exploration du champ d'étude, formation d'ensembles, détermination des intérêts et questionnements...). La deuxième, c'est la réalisation du projet. Chez Arpin et Capra, il s'agit de projets personnels en lien avec la thématique globale : chacun explore des aspects de cette thématique pour ensuite intégrer les savoirs lors de la troisième phase, celle de la communication et du partage des apprentissages.[91]

L'avantage, c'est que cette pédagogie par projets transdisciplinaires coopératifs ne va pas sans développer en parallèle les compétences sociales des élèves.

14 - Améliorer les compétences sociales des élèves

Le meilleur moyen de travailler à plusieurs, c'est encore de s'apprécier mutuellement et de considérer le groupe comme un espace sécurisant où chacun se sent à sa place, considéré et reconnu. C'est sans doute pourquoi les écoles qui pratiquent le plus le travail en groupe ont recours à des activités permettant de développer les compétences sociales des élèves, telles que les capacités d'écoute et d'affirmation de soi, le fairplay, l'inclusion de tous, la créativité, le courage...

Selon l'OCDE, en 2013, c'est en France qu'il y a le moins d'enseignants qui estiment que l'acquisition de compétences sociales et émotionnelles est aussi importante que l'acquisition de compétences scolaires.[92] Il y a donc encore du chemin à faire...

Prenons exemple sur ce qui se fait dans certaines écoles que j'ai pu étudier :

À Espoo, en Finlande, les écoles peuvent participer à deux programmes : l'un d'eux (Arvo Kaas) prévoit de travailler tout au long de la scolarité primaire sur trente compétences sociales de base, à partir de situations concrètes et à travers des jeux de rôles et des débats (« comment se joindre à un jeu collectif dans la cour », par exemple). L'objectif est que les élèves s'interrogent quant aux stratégies les plus efficientes pour créer au quotidien un cadre sécure dans l'école, où tout le monde se sent bien.

Généralement c'est l'enseignante qui introduit les situations problèmes, mais j'ai aussi pu assister à une séance en jardin d'enfants animée par l'un des élèves de CM2 que je connaissais bien. C'était un garçon assez réservé, qui manquait sans doute de confiance en lui, mais au fur et à mesure de la séance, il me parut de plus en plus à l'aise. Il parvenait très bien à faire échanger les petits et leur apportait des conseils « de grand » avec une grande clarté.

Le but est de favoriser un « vivre ensemble » apaisé (en anglais, le programme s'appelle « *Agression Replacement Program* »). Les séances ont lieu une ou deux fois par mois pendant une heure.

Les 24 compétences sociales du programme Via : les enfants peuvent être courageux, généreux, intelligents, curieux, empathiques, persévérants… À chacun d'identifier ses qualités.

L'autre programme, plus important encore pour les écoles qui en font partie, c'est le programme Via, **qui consiste à identifier ses forces et celles de ses camarades pour les développer chez soi-même et chez l'autre**. Dans chaque classe, une affiche montre les 24 compétences sociales représentées par des corbeaux anthropomorphes fort sympathiques ; ces traits de caractère sont abordés toutes les semaines, un par un, dès le CP, et sont expliqués aux plus petits par des CM2 volontaires. Les enfants sont amenés au cours des années à identifier les forces qui les caractérisent (empathie, générosité, enthousiasme, esprit de déduction, dextérité, courage, originalité du raisonnement, curiosité, humour, etc.) pour développer leur confiance en eux.

L'un des objectifs est de percevoir les autres et soi-même sous un angle positif. Le petit Patrick n'est pas seulement timide, il est aussi courageux et généreux ! La petite Milja, elle n'est pas seulement « fatigante », elle est aussi drôle et curieuse !

L'autre objectif est de comprendre que **les qualités ou défauts qui nous caractérisent à un moment peuvent changer, prendre de l'importance ou disparaitre**… Bref, nul n'est obligé de s'enfermer pour toujours dans un ou des rôles que d'autres nous attribuent, pas souvent à notre avantage.

Chacun confectionne une boite sur laquelle il écrit ses qualités, et les autres enfants sont invités à laisser un petit papier lorsqu'ils ont vu que tel enfant avait fait preuve de tel trait de caractère pendant la semaine. À la fin de la semaine, tous les enfants reçoivent des compliments (anonymes ou non). Les soins apportés à la décoration et à la disposition des boites sur un petit autel orné de plantes vertes et de peluches révèlent combien c'est important pour eux.

À Ao Tawhiti, les deux premières semaines de classe sont consacrées à des activités permettant de développer l'esprit de groupe. Le premier jour, un accueil est organisé selon la tradition maori dans la cour de l'école. Chants, discours responsabilisant, présentation du personnel de l'école (toujours selon des codes maoris). Puis les activités commencent dans les classes : « L'idée est de faire comprendre aux élèves que même si on ne peut pas être ami avec tout le monde, ce n'est pas pour autant qu'on ne peut pas respecter et apprécier tout le monde », me dit Melle.

Les élèves travaillent autour des « valeurs essentielles » (« *core values* ») de l'école, à savoir :

- **Whanaungatanga : sens de l'appartenance à une communauté où tous sont interconnectés.**
- **Respect : respect et célébration de la diversité, respect** de soi-même.
- **Kaha : courage**, repousser ses limites, sortir de sa zone de confort en prenant des risques.
- **Confiance :** l'école fait confiance aux élèves lorsqu'ils prennent des décisions et s'attend à ce que chacun fasse honneur à l'établissement par son comportement exemplaire.
- **Aroha : chacun est unique tout en trouvant sa place dans la communauté.** Celle-ci lui apporte compassion, amour et tolérance pour l'aider en toute situation.

Les élèves doivent par exemple tenter, en petits groupes, de bâtir le plus rapidement possible un pont en spaghettis. Ou s'assoir en cercle et se faire passer une pelote de laine en se présentant et en disant une chose dont ils sont fiers en répétant le prénom de la personne passée avant eux. Puis ils font rouler la pelote vers un autre élève, jusqu'à ce qu'une véritable toile d'araignée apparaisse dans le cercle…

« *Vous voyez comme ça vibre ? Est-ce que ça aurait l'air aussi cool si on retirait des gens ? (Elle laisse échapper son bout de laine.) Vous voyez le nombre de connections qu'il y a entre nous ? C'est incroyable ! Si Peper et moi avions une relation juste entre nous deux, ça n'aurait surement pas l'air aussi cool ! Et si j'étais seule dans mon coin, je ne pourrais pas non plus faire une telle toile ; on a vraiment besoin d'être plusieurs !* »

Melle de continuer : « *On est tous interconnectés finalement. Essayez de bien tendre la toile, bon, si par exemple je lâche mon bout du fil qu'est-ce qui se passe ?*

- Un élève : *Tout s'effondre et s'emmêle !*
- Melle : Exact, et si je tire d'un coup le fil vers moi ?
- Tous : *Aaaaaaah !* (des élèves, surpris, lâchent le fil, puis en s'aidant, ils parviennent à tendre la toile à nouveau).
- Melle : *Voilà ! Donc que faudrait-il faire pour que l'année se passe bien et que tout le monde se sente bien dans notre école ?*
- Un élève : *Quand on voit que quelqu'un est en difficulté, il faut l'aider. Comme ça, c'est comme s'il gardait le fil tendu dans sa main.*
- Une élève : *Pas tout rapporter à soi comme si on était le centre du monde.*
- Un élève : *Si quelqu'un ne se sent pas bien, s'il lâche le fil, ça va mettre une mauvaise ambiance donc faut empêcher ça en s'aidant.* »

Elle demande ensuite aux élèves de réfléchir à l'importance des relations entre personnes. Les propositions fusent : « *Si on faisait pas attention aux autres ou que les autres ne voulaient pas de nous, on n'aurait personne à qui se confier et on serait triste !* » ; « *On s'ennuierait, on ne pourrait pas jouer* » ; « *On serait en danger parce que personne ne nous protègerait !* » ; « *On deviendrait méchant pour se venger d'être triste et seul, on ferait du mal aux autres...* »

De nombreuses discussions et jeux similaires sont organisés autour des « *core values* » de l'école, lors desquels les professeurs aussi se confient. À propos du kaha, « le courage », l'enseignante, après avoir fait réfléchir les élèves sur ce que ça pouvait bien être, leur demande d'écrire sur un papier un évènement de leur vie au cours duquel ils estiment avoir fait preuve de courage. Et ils sont très enthousiastes ! Ensuite, Melle recueille tous les papiers et les met dans une boite qu'elle va enterrer « *pour que ça soit comme un trésor, avec plein d'histoires cools, qu'on essayera de déterrer à la fin de l'année !* ».

Au collège et au lycée, des cours de développement personnel, optionnels, sont proposés tout au long de l'année.

Mais en Finlande comme en Nouvelle-Zélande, il n'y a pas que les élèves qui doivent travailler sur leurs compétences sociales. À Eestinkallio et à Lähderantä, les adultes doivent eux aussi se pencher sur leurs qualités et leurs défauts ; des séminaires leur sont proposés afin qu'ils puissent échanger avec leurs pairs et améliorer leur pratique du métier ainsi que leur rapport aux autres.

De même que ces pratiques m'ont semblé très pertinentes pour développer les compétences psychosociales des élèves, un autre aspect m'a paru essentiel lors de mon voyage quant à l'élaboration d'un climat scolaire serein, apaisé et sécure permettant aux élèves de s'épanouir en apprenant : la lutte contre le harcèlement scolaire.

15. Responsabiliser les élèves « spectateurs » pour combattre le harcèlement à l'école

J'ai eu la chance, à l'école primaire, de ne jamais être concerné par la violence. **Mais mon meilleur ami de l'époque, en surpoids, se faisait régulièrement insulter par les élèves « cools ».** Il devenait « Bouboule-qui-roule ». Lorsqu'il avait le courage de protester, il se faisait charrier : « Mais enfin t'es con, c'est pour rire ! » Lui ne riait pas du tout, il pleurait même, et je me rendais bien compte de sa tristesse. **Pourtant, autant que je m'en souvienne, je n'ai jamais pris sa défense, même si j'étais profondément désolé et en colère à la fois.** Une fois au collège, ce fut mon tour d'être insulté régulièrement parce que j'étais visiblement gay. J'en souffrais d'autant plus que je n'acceptais pas alors mon homosexualité. Personne parmi mes ami(e)s ne prit jamais ma défense.

Il y a, dans certains établissements, des violences qui sont bien pires encore que ces insultes quasi quotidiennes. Elles se traduisent parfois en **coups**, voire en poursuites des victimes dans la rue, jusqu'à chez elles, parfois aussi par le biais d'Internet et du **cyberharcèlement.**

Pourtant, hormis dans les établissements où quelqu'un finit par se suicider, le harcèlement ne semble pas être une thématique vraiment prise au sérieux par la majorité des membres du personnel de l'Éducation nationale, malgré la prise de conscience toute récente du ministère[93] et la création d'un numéro vert, le 3020, mis à la disposition des victimes, des parents ou du personnel éducatif pour signaler des situations de harcèlement. La faute, sans doute, à un manque de formation et d'information à destination des enseignants.

Dans mon collège, les adultes n'ont jamais rien fait pour prévenir le harcèlement dont un nombre important d'élèves étaient victimes : Les « moches », les « grosses », les « pédés » et même les « putes »... C'est vrai, la majorité des harcelés et moi-même nous ne nous sommes jamais plaints, même pas à nos amis. Mais est-ce si étrange que ça que les victimes d'humiliation ne se manifestent pas, surtout à un âge où l'on cherche tout particulièrement à construire son égo ? Aller dire à un surveillant ou à un enseignant qu'on se fait traiter de « pédé », c'est montrer à une personne supplémentaire ce dont on a honte, ce qu'on ne veut pas être. D'ailleurs, seuls 10 % des cas de harcèlement sont rapportés aux enseignants.[94]

Les agresseurs aiment bien répéter : « C'est juste pour rire, détends-toi ! » Effectivement, leurs amis semblent beaucoup apprécier ces « blagues ». Dans mon collège comme dans d'autres, les agresseurs sont les élèves les plus populaires, aussi bien auprès des élèves que des surveillants et même de certains enseignants. Ce sont souvent des petits marrants, ceux qui font les marioles en classe, mais sans qui les adultes s'ennuieraient un peu. Comment aller se confier à un surveillant lorsqu'on sait qu'il apprécie la personne dont on veut se plaindre auprès de lui ?

Et puis, **qui, à 12 ans, a envie que l'adulte qui prendrait son rôle au sérieux aille sermonner l'agresseur et ses comparses ?** C'est le risque de devenir, aux yeux de tous, une « balance » en plus d'un « pédé ». Non merci ! **On souhaite paraitre aussi fort et insensible que possible, on n'en parle à personne. Les conséquences sur les résultats scolaires et la santé sont évidemment désastreuses.** Le stress est permanent : peur de revoir ses agresseurs, et surtout chaos dans la tête durant les cours mais aussi chez soi le soir où l'on ne fait que repenser aux insultes, rumeurs et bousculades qu'on subit. Les idées se mélangent, entre la réponse courageuse qu'on aurait voulu apporter à son agresseur, les coups qu'on aurait aimé être capable d'asséner, la déception vis-à-vis des amis qui font comme si de rien n'était, le sentiment d'injustice (« Pourquoi je suis comme ça ? »)...[95]

Le harcèlement dont je fus victime n'était peut-être pas évident à détecter – même s'il se passait au milieu de la cour, dans la salle de permanence ou dans les couloirs, en présence des enseignants ou des surveillants. Mais dans le cas d'autres camarades, ouvertement moqués jusqu'en classe, je trouve l'absence de réaction intolérable.

Pourquoi ne pas avoir mis en place des programmes préventifs pour empêcher que ne se produise ce genre d'évènements ou du moins pour en réduire l'impact grâce à une culture d'école « antiviolence », partagée avec conviction aussi bien par les enseignants que par les parents, les surveillants et surtout la majorité des élèves ?

Dans le harcèlement, on a toujours une constellation à trois branches – au moins. **La victime, l'agresseur et enfin les spectateurs, que l'on peut répartir entre spectateurs complices approbateurs et spectateurs passifs désapprobateurs.**[96] **Ce sont les spectateurs qui donnent tout leur poids aux insultes de l'agresseur.** Insultes que celui-ci ne proférerait sans doute pas s'il n'était pas assuré de s'attirer ainsi l'approbation de ses fans – eux-mêmes en quête de reconnaissance –, ainsi que la discrétion des autres spectateurs, qu'il prend pour un respect tacite de sa puissance. Quoi de mieux que d'écraser quelqu'un devant un public admirateur pour être assuré de sa propre supériorité ?

J'avais lu deux ouvrages concernant la lutte contre le harcèlement à l'école, mais c'est la Canadienne Maggy Bergeron qui m'a fait comprendre qu'en tant qu'adulte, **s'il l'on veut vraiment prévenir le harcèlement, il faut d'abord renoncer à agir directement sur l'agresseur ou la victime.** D'une part, parce qu'on ne peut pas raisonnablement s'attendre à ce que les jeunes victimes viennent se plaindre, ni à ce que les agresseurs cessent volontairement ce qui leur assure gloire et respect. D'autre part, parce que le harcèlement a rarement lieu au vu et au su d'adultes, mais quasi systématiquement devant d'autres élèves spectateurs.

Pour cette éducatrice, il est nécessaire de baser son approche sur les spectateurs, surtout sur ceux qui sont des témoins inactifs. Ceux à qui le harcèlement fait de la peine mais qui ne réagissent pas, souvent par peur d'être ensuite assimilés à la victime. Ceux dont c'est l'ami qui est harcelé. Ceux qui ont peur d'être le prochain.

Maggy est une fan inconditionnelle des **programmes anti-harcèlement à l'école qui ont pour axe principal de responsabiliser les spectateurs** (« empowering the bystanders ») Il s'agit d'actions relativement simples qui partent de l'idée qu'il faut faire prendre conscience aux élèves que la grande majorité de leurs pairs désapprouve autant qu'eux le harcèlement et la violence de manière générale.

Au vu du climat très apaisé de l'école où elle officie, cela doit fonctionner. Je constate que personne ne fait l'objet du moindre quolibet, ni d'aucune autre forme de violence, même « légère ». Pas même les élèves présentant des caractéristiques qui pourraient faire d'eux des victimes de harcèlement dans d'autres établissements (surpoids important, carrure chétive, déficience intellectuelle, origines étrangères...). Et les plus grands prennent grand soin des petits, qui leur vouent une grande admiration : « *C'est parce qu'on est comme une très grande famille ici, me dit une jeune fille de 10 ans. On est responsable de chacun, on veut que tout le monde se sente bien.* »

Pour Maggy, ***« il faut que l'école prenne publiquement position contre le harcèlement, de manière préventive. Que tout le monde soit assuré que les harceleurs seront sanctionnés et les victimes aidées, mais que la fin du harcèlement repose sur les épaules des élèves et qu'il existe différentes façons d'intervenir »*** !

À l'académie Vaudrin, cela passe – au quotidien – par de très **nombreux affichages.** ***« Il faut que les élèves sachent ce qu'ils peuvent faire en cas de harcèlement sans se mettre en danger.*** *Ils peuvent bien sûr prendre position pour la victime, s'ils sont assurés que d'autres feront de même. Mais ils peuvent aussi simplement faire diversion : « Madame Untel demande à te voir...* » Ils peuvent aussi – encore plus simplement mais c'est extrêmement nécessaire – venir réconforter la victime dans un moment où elle est laissée tranquille. Lui faire sentir qu'elle est digne de respect et de sympathie. L'empêcher de penser que ce qui lui arrive est mérité, comme le ressentent parfois les victimes, qui se mettent alors à se dévaloriser fortement, à se trouver moche, etc. Reconnaitre cet élève comme un égal, lui faire comprendre que ce n'est pas un « boloss ».

Il s'agit donc principalement, pour l'école, de communiquer énormément sur le sujet. Maggy décrit aussi des courts **stages pour tous les élèves, entre un et trois jours, pour faire comprendre que chacun est responsable et capable de stopper le harcèlement dans l'école.** Cela peut passer par des jeux de rôle, la lecture d'albums, la projection de films sur le harcèlement et ses conséquences désastreuses, ainsi que par des temps de discussion afin que les élèves suggèrent eux-mêmes ce qu'ils pourraient faire pour aider une personne victime de harcèlement. Il peut s'agir, par exemple, d'activités comme celles que j'ai décrites au chapitre précédent concernant l'amélioration des compétences sociales en Nouvelle-Zélande et en Finlande.

Mais ce sont **aussi toutes les activités qui, dans la vie de l'école, ont pour but d'améliorer les rapports entre élèves, de leur donner confiance et de leur permettre de s'épanouir.**

En conclusion : **ce n'est pas en disant à l'agresseur d'arrêter ou à la victime de venir se plaindre que l'on stoppera le harcèlement, mais en responsabilisant les témoins et en impliquant les parents dans un plan de prévention du harcèlement à l'école.** Il est évidemment nécessaire de sanctionner intelligemment l'auteur des brimades, à travers un plan d'amélioration du comportement par exemple, pour identifier la souffrance chez cet enfant et lui permettre de modifier son comportement. Il est tout aussi nécessaire de se montrer, en tant qu'adulte, le plus à l'écoute possible de l'enfant qui viendrait exprimer sa peur, le plus encourageant possible, et de tout faire pour l'aider à (re)construire une image positive de lui-même.

Si l'on veut vaincre le fléau mondial que représente le harcèlement scolaire (« 246 millions d'enfants et d'adolescents confrontés, d'une façon ou d'une autre, à la violence scolaire dans le monde » selon un rapport de l'ONU[97]), il faut avant tout s'assurer d'un effort de communication constant, à travers tout l'établissement, pour que chacun prenne conscience du rôle qu'il peut jouer dans la lutte contre le harcèlement et ses conséquences délétères.

ACADÉMIE VAUDRIN - VAUDREUIL, CANADA

Nombre d'élèves : 170 | **École :** privée

Programmes Arrowsmith, Cellfield...), programmes anti-harcèlement et maternelle Montessori

De la plaine battue par les vents et la neige émerge comme dans un rêve la grosse bâtisse qui abrite l'académie Vaudrin de Vaudreuil, au Québec. Dans cet austère bâtiment de briques rouges, les élèves considèrent qu'ils appartiennent à une grande famille, où chacun est responsable du bienêtre des autres.

Environ 10 % des élèves accueillis souffrent de troubles cognitifs (autisme surtout) ou d'importantes difficultés d'apprentissage (dyslexie, dyspraxie...). Ils passent le plus clair de leur temps au sein d'une classe classique et – en fonction de l'ampleur de leurs difficultés – quelques heures par semaine en tout petit groupe avec une éducatrice spécialisée qui leur propose principalement des activités autour des programmes

Arrowsmith, Cellfield et Tomatis. Ces programmes, dont le sérieux scientifique a souvent été remis en question, semblent montrer leurs effets bénéfiques puisque l'éducatrice m'explique que, depuis qu'elle travaille ici, chaque enfant a vu ses résultats, en lecture ou en écriture notamment, s'améliorer de façon radicale. Comme me le raconte une petite fille, « *avant, j'avais tellement du mal à lire une seule phrase, mais maintenant je peux lire des livres en entier et j'aime trop ça* » (livre à l'appui).

Dans l'école, tout est fait pour le bienêtre des élèves : de l'installation de meubles confortables à l'organisation de séances de sport régulières en passant par une vigilance particulièrement attentive aux cas de violence et aux conflits. Cela porte ses fruits, puisque le climat de cette école était l'un des meilleurs que j'ai connus lors de mon voyage.

BROCKWOOD PARK SCHOOL - BRAMDEAN, ROYAUME-UNI

Nombre d'élèves : 73 | **École :** privée

Pédagogie inspirée de la pensée de Jiddu Krishnamurti, apports d'André Stern et des "Forest schools"

L'internat de Brockwood Park School est fondé par le philosophe indien Jiddu Krishnamurti en 1969 dans la campagne du Sud-Ouest londonien. Une grande bâtisse au milieu d'une campagne verdoyante accueille près de 80 jeunes âgés de 14 à 19 ans. L'école a pour vocation de permettre à chacun de trouver sa voie, de développer sa connaissance de soi ainsi que d'acquérir des qualités telles que la créativité et la coopération. « L'excellence académique » y est de rigueur mais les activités artistiques, manuelles et de plein air occupent une large place dans l'enseignement dispensé.

À Brockwood, les professeurs, les étudiants et le personnel vivent ensemble, mangent dans la même majestueuse salle à manger en bois les mêmes plats végétariens (la majorité des

ingrédients provenant du potager de l'établissement). On est d'emblée frappé par la diversité des origines des élèves (plus de vingt nationalités sont représentées), par leur excellente culture générale, ainsi que par l'absence de conflits entre étudiants. Il faut dire que les conditions d'apprentissage et de développement sont optimales : les classes ont en moyenne 7 élèves et l'évaluation se fait par échanges verbaux et rapports écrits, et non par notes ; des temps de méditation sont prévus tous les jours, et les élèves ont accès aussi bien à quelques infrastructures sportives qu'à une grande bibliothèque et un magnifique atelier d'arts plastiques. La scolarité (internat inclus) coute environ 20 000 livres par an.

INWOODS SMALL SCHOOL - BRAMDEAN, ROYAUME-UNI

Nombre d'élèves : 30 | **École :** privée

Pédagogie inspirée de la pensée de Jiddu Krishnamurti, apports d'André Stern et des "Forest schools"

À quinze minutes de marche de Brockwood Park School se trouve Inwoods Small School. La petite école primaire accueille une trentaine d'enfants répartis dans trois classes, qui ressemblent plus à de sympathiques et confortables cabanons en bois et chaux qu'à de véritables classes. Dans le jardin de l'école, les élèves peuvent escalader tous les arbres jugés suffisamment solides par les adultes, mais aussi aller observer les grenouilles dans un étang, construire des cabanes avec des pneus, s'occuper du potager ou tout simplement s'étendre dans l'herbe. Là, l'élève se voit proposer des activités encadrées, mais aucune pression n'est effectuée s'il ne désire pas pratiquer l'activité en question. De nombreux temps libres sont prévus pour que les enfants puissent s'adonner aux tâches qui les intéressent particulièrement (lecture, construction…) À la différence de Brockwood Park School, les élèves viennent tous de la campagne environnante et sont moins aisés (la scolarité coute 6 000 livres par an environ, un tarif courant au Royaume-Uni).

Chapitre IV

Une école du bienêtre

16. Tester la pédagogie assistée par l'animal

Je ne m'attendais pas, en partant faire ce tour du monde, à voir des chiens intervenir en classe. Non pas comme objets de l'apprentissage, ainsi que le sont parfois en France les phasmes, hamsters ou souris, mais comme médiateurs.

Des études scientifiques ont démontré que tenir un animal et interagir avec lui permet de réduire la pression artérielle et de diminuer les sentiments de tension, d'anxiété et même de dépression, tout en améliorant les rapports humains.[98] Fortes de ce constat, certaines écoles finlandaises mettent en place ce qu'elles appellent la « **pédagogie assistée par l'animal** » (Animal-Assisted Learning en anglais). Elles font intervenir des animaux (en général des chiens, parfois des poneys) pour faciliter le développement cognitif des élèves. **La médiation de l'animal favorise chez les enfants l'épanouissement des compétences psychosociales telles que l'empathie, la confiance en soi, et améliore la gestion des pulsions et de l'agressivité. Elle permet une meilleure interaction avec autrui et des apprentissages scolaires plus solides.**[99]

J'ai passé trois jours dans deux classes où intervenaient des chiens, à Kaitaa et surtout à Eestinkallio. Dans cette école, Vallu – un berger belge grœnendael – est présent avec sa maitresse Marjuska, la joviale enseignante de la classe de CM2 pour élèves en grandes difficultés que je visitais. Il s'agit d'une classe de douze élèves, l'équivalent d'une ULIS[100].

Il est 7 heures 45. Après avoir joué dans la neige et ôté leurs bottes, les enfants, en chaussettes, s'installent à leur place et attendent très calmement que Vallu viennent les saluer un à un. Ils le caressent, lui demandent de s'assoir, de s'allonger, ou encore de poser sa patte sur leur genou, avant de lui donner un petit bout de viande en récompense. « *Cette formalité de début de cours permet de leur apprendre à garder patience le temps que Vallu passe voir tout le monde. Et puis ça leur fait plaisir : ils savent que Vallu est content de les voir. Ça permet d'instaurer un climat sain d'entrée de jeu.* », explique Marjuska, qui a été formée à la PAA, en même temps que Vallu, à l'université d'Helsinki.

Puis le cours commence, les élèves sont au travail, chacun lit un chapitre du livre d'Histoire de son choix, et Vallu se fait très discret. Il s'allonge au milieu de la salle et lève brusquement la tête à chaque bruit trop brusque, ce qui amène automatiquement les élèves à redevenir silencieux. **Il se déplace parfois près des élèves et se laisse caresser par ces derniers, qui n'en restent pas moins attentifs à leur travail.** « *Au départ, bien sûr, les élèves étaient très excités quand Vallu venait. C'est normal. Mais ils se sont habitués à lui et sont maintenant souriants lorsqu'il s'approche d'eux, mais sans l'excitation des premiers temps. Le climat scolaire en est très apaisé. La PAA, c'est intéressant sur le long terme.* »

À la fin du cours, **ce n'est pas Marjuska qui donne les devoirs (il y en a très peu), mais… Vallu !** L'enseignante choisit

Même lorsqu'il n'effectue pas d'exercice avec les élèves, Vallu est une présence apaisante dans la classe.

trois exercices possibles à réaliser, les écrit sur trois feuilles distinctes qu'elle dispose au centre de la pièce. Puis, sous l'œil attentif des élèves, au signal de sa maitresse, Vallu s'empare d'une des feuilles, sur laquelle se trouve donc l'énoncé des prochains devoirs, et l'apporte à un élève. « *Ce système est super parce que souvent les enfants rechignent à faire les devoirs quand c'est moi qui les donne, ou se plaignent que c'est trop. Mais depuis que Vallu choisit, je n'ai plus jamais assisté à ces scènes. Il désamorce tous les conflits !* » s'enthousiasme Marjuska. « Certains enfants ont peur des chiens. Mais à force de voir Vallu être si gentil avec tous les élèves, tous ont fini par se laisser approcher sans crainte, précise l'enseignante. Je me souviens d'une jeune fille qui avait, de manière générale, très peu confiance en elle, elle n'osait pas parler ou chuchotait alors seulement. Impossible de la faire restituer une leçon, de s'assurer si elle avait bien compris ! Eh bien je la gardais à la fin du cours pour faire des exercices avec Vallu : elle devait lui ordonner de traverser la pièce pour la rejoindre, lui demander de s'assoir, ce genre de choses. Au départ, sa voix était inaudible et elle avait si peu d'assurance que Vallu ne lui obéissait pas. Même lui sentait ce manque de confiance en soi. Mais à force d'entrainement, et sans avoir la peur d'être jugée par d'autres élèves, cette jeune fille a fini par avoir plus de présence et Vallu lui a obéi. Elle était si contente ! Un jour, alors qu'un de ses camarades de classe l'avait insultée, je l'ai vu aller se planter devant la table de celui-ci, les poings sur les hanches, et dire d'une voix forte : "tu n'as pas le droit de me parler comme ça !" Ça nous a tous laissés bouche bée, nous n'étions pas habitués à la voir si sure d'elle, et ça m'a fait très plaisir. Honnêtement, je ne sais pas comment j'aurais pu aider cette élève sans Vallu. »

Les vertus pédagogiques de l'accompagnement animal ne s'arrêtent pas là. Ainsi, **Marjuska propose aux enfants qui ont du mal à apprendre à lire et se sentent jugés lorsqu'ils se retrouvent en difficulté devant leurs camarades d'aller lire une histoire à Vallu** dans la toute petite pièce attenante à la classe. Celle-ci fait trois mètres carrés, est équipée d'un gros pouf et d'une lumière douce : « *Les élèves n'ont alors pas peur d'être jugés, et même s'ils savent très bien que Vallu ne les comprend pas, ils apprécient l'attention qu'il leur porte et osent lire, se tromper, se reprendre. Ils perdent leurs appréhensions.* »

Pour finir, **Marjuska décrit le « *climat de classe beaucoup plus détendu* » et note le développement d'attitudes et de comportements mieux maitrisés** : « *Un plus grand respect des élèves les uns envers les autres, une plus grande patience aussi, avec ces corolaires positifs, la motivation et la concentration des élèves, et donc des apprentissages facilités.* » Car en étudiant le comportement de Vallu (la manière dont il agite la queue, dresse les oreilles, se lève d'un bond ou reste prostré…), les enfants apprennent à reconnaitre ses émotions. « *Les enfants, en décryptant le comportement non verbal de Vallu, commencent à prendre conscience de ce langage des émotions chez leurs camarades, et à faire plus attention à eux. Ils s'énervent moins, font preuve d'empathie.* » Ainsi, grâce à Vallu, les enfants développent des compétences psychosociales essentielles à leur épanouissement au sein d'un groupe.

Salla, la principale, me raconte même qu'à plusieurs reprises, elle a vu Vallu s'approcher d'un enfant particulièrement énervé ou triste pour poser sa tête sur les genoux de celui-ci. Elle décrit un état d'apaisement immédiat. Je n'ai pas moi-même assisté à une telle scène, mais je n'ai pas vu non plus, lors de mes deux jours de présence dans cette classe, d'enfant en détresse psychologique.

Elle m'explique comment cette histoire a commencé : cela fait deux ans seulement que Vallu intervient en classe, deux jours par semaine – « *le reste du temps, il doit se reposer à la maison* ». C'est Marjuska qui avait lancé l'idée. « *J'étais un peu anxieuse à l'idée d'amener mon chien en classe* », *confie l'enseignante*, « *mais Salla m'a dit : "pas de soucis, quand veux-tu commencer ta formation ?"* » Ensuite, c'est Salla qui a négocié le financement des études de Marjuska et Vallu par la municipalité d'Espoo.

« *Nous avons organisé une session d'informations avec les parents, pour les rassurer, leur donner des exemples de ce qui se fait dans d'autres établissements… Puis nous avons fait le tour des familles pour savoir s'il y avait des enfants allergiques aux chiens. Bon, d'année en année, il semble que le nombre d'enfants allergiques diminue* », *rigole Salla.* « *Forcément, au départ, il y avait des parents réticents, mais heureusement, pas dans la classe de Marjuska. Les parents la connaissent, savent qu'ils peuvent lui faire confiance.* »

La PAA en est encore à ses débuts en Finlande et dans le monde entier. En effet, si les traces de l'emploi thérapeutique des animaux remontent au moins au XVIIIe siècle en Angleterre[101], c'est **seulement après la Seconde Guerre mondiale que le psychiatre américain Levinson commence à faire de la médiation animale une technique thérapeutique à part entière**. Lorsqu'il évoque pour la première fois le cas de cet enfant autiste sorti du silence grâce à son chien, présent par hasard ce jour-là dans son cabinet, Levinson, loin de convaincre ses collègues, en devient la risée. Ce n'est que quelques années plus tard, après la parution de livres attestant que Freud lui-même trouve que son chien permet aux patients de s'exprimer plus facilement, que Levinson est réhabilité et que des thérapeutes commencent à leur tour à travailler avec des animaux. Dans les années 90, aux États-Unis comme au Canada, le nombre de thérapies de ce genre a décuplé, et a fait une timide apparition en Europe occidentale.[102]

Les avantages de la médiation animale pour la sociabilisation des personnes âgées ou des malades sont désormais relativement reconnus en France, sans que celle-ci soit pour autant une pratique répandue ; l'intervention de l'animal en classe est, quant à elle, extrêmement rare. Nous pourrions nous inspirer de la Finlande pour ce type de pratique et mener une réflexion sur le rôle que pourraient jouer les animaux médiateurs dans les écoles. Pour ma part, je compte cette année susciter une discussion à ce sujet avec l'équipe pédagogique et les parents afin de mettre en place des interventions de professionnels dans ma classe.

17. Renforcer les liens entre les enfants et la nature

En France, même dans les écoles de campagne, on peut s'estimer heureux lorsque l'on voit dépasser un peuplier de derrière les hauts murs qui enserrent les cours d'école bitumées. Souvent, en guise de jeux, on se satisfait d'un toboggan vite pris d'assaut dans tous les sens, d'une cabane de deux mètres carrés et d'une petite installation en fer et plastique multicolore. Et encore, c'est seulement en maternelle. Les plus grands doivent se satisfaire de quelques bancs et de lignes blanches au sol démarquant un terrain de foot imaginaire. Et qu'ils s'amusent ! Qu'ils se dépensent !

En dehors de l'école, ce n'est guère mieux. **Dans les villes, les enfants ne sont jamais en contact avec la nature.** Le sol des aires de jeux est couvert de caoutchouc mou, les seuls arbres que l'on croise sont des platanes, l'omniprésence de la voiture rend dangereuse toute course folle à travers les rues, même les moineaux ont disparu. Dans les campagnes, les enfants ne connaissent souvent de la nature que ce qu'ils voient par la fenêtre de la voiture qui les conduit quotidiennement de la maison à l'école. **Au total, nous passons en moyenne 80 % de notre temps dans les bâtiments ou dans l'habitacle des véhicules.**[103] Les 20 % restants, nous les passons généralement sur un trottoir d'asphalte, entre deux bâtiments. Tant et si bien que **l'on aboutit à ce que l'Américain Richard Louv appelle le *nature deficit disorder*** (syndrome de « manque de nature »).[104] Il diagnostique, en recensant les milliers d'études faites à ce sujet, que le manque de nature, qui a explosé depuis cinquante ans, **mène à de très nombreux troubles et maladies physiques et mentales** (hyperactivité, hypertension, obésité, myopie, asthme, cholestérol, dépression, retards au plan du développement d'habiletés motrices et d'aptitudes sociales…).

Mais où est donc passée la nature : la terre, les feuilles, les vers de terre, les escargots, les branches mortes, les fougères, sans parler même d'animaux un peu plus gros ? **Pourquoi cette « pasteurisation » des écoles** ? Nous avons parfois un drôle de sens des priorités. Plutôt que d'aménager les cours de récréation avec de l'herbe, des arbres, des buissons, d'y voir réapparaitre la vie, on préfère tout couvrir, aplanir, équiper de surfaces molles « amortissantes » – comme si la terre et les feuilles n'étaient pas naturellement amortissantes –, investir dans des installations extrêmement chères alors que permettre aux enfants d'escalader des troncs d'arbre ferait aussi bien l'affaire, en termes de développement moteur.

À Brockwood Park School, les élèves apprennent à construire une yourte et à faire du feu.

Pourtant, nous avons tous expérimenté l'effet apaisant et ressourçant d'une promenade en forêt, peu importe la saison. Même **la science nous le dit : contempler la nature a un fort impact sur le stress et la concentration, mais aussi sur le développement des capacités motrices et cognitives et sur la créativité** ![105] C'est aussi extrêmement instructif, si l'on veut bien porter attention à ce qui se passe autour de soi : insectes, oiseaux, batraciens, mammifères, sont facilement observables, en plus de la flore et des champignons. Le mouvement des saisons, le cycle de la vie, celui de l'eau… Bref, tous les éléments du programme de science font sens grâce au vivant. Vivant que l'on peut trouver aussi sur la petite surface d'une cour de récréation ! Faute de planter une mini-forêt dans la cour de l'école ou de végétaliser les terrasses et les toits, la nécessité de se retrouver en pleine nature devrait nous inciter à organiser autant que possible des sorties dans les bois, les champs…

À Brockwood Park school, Inwoods et à l'école Waldorf de Cologne, pas besoin d'étudier la nature dans des manuels. Il suffit de mettre un pied dehors. Pas de dalles de béton en guise d'aire de jeu, mais une grande pelouse boisée, avec une surface cultivée variant de 30 m^2 à Inwoods à 100 m^2 à Cologne. Dans cette dernière école, de petits bosquets délimitent les terrains de foot, les espaces dédiés aux « arbres qu'on peut escalader » ou, tout simplement, les parties « en jachère » du terrain, où l'on peut se promener, s'assoir, contempler la nature… Il y a de petites mares naturelles, de grosses flaques de boue dans lesquelles les enfants sautent joyeusement à pieds joints. Une petite fille cherche des vers de terre pour voir « *s'il n'y en aurait quand même pas un dont on pourrait distinguer la tête du reste du corps* ». Des élèves grimpent sur les filets de corde tendus entre les arbres, d'autres se battent avec des bâtons.

À Inwoods, il est interdit de se battre avec des bâtons (le fondateur, Krishnamurti, abhorrait toute forme de violence), mais **les élèves apprennent à faire du feu dès l'âge de sept ans – les techniques évoluant selon leur âge. Le matin, ils effectuent une marche de vingt minutes à travers champs et forêts** avant d'entrer en classe – des classes qui ne correspondent pas à l'idée que l'on s'en fait, car elles ressemblent à de petites maisonnettes lumineuses, en bois apparent. **De nombreuses activités sont organisées en extérieur, comme la recherche de têtards, la cuisson du pain sur un feu de camp, la culture du jardin, le pistage d'animaux**… C'est là que j'ai rencontré des parents qui ne scolarisent leurs enfants que deux jours par semaine. Le reste du temps, les enfants font partie d'un groupe de ***home-schooling*** de huit jeunes. Tous les jours, c'est un nouveau parent qui intervient auprès des élèves pour tous types d'activités, dont – un jour par semaine au moins – des activités en forêt. Un modèle **d'éducation à la maison** qui m'était totalement inconnu, puisque j'imaginais jusque-là que les enfants qui suivaient ce genre de régime grandissaient sans avoir de rapports sociaux avec d'autres jeunes, hormis éventuellement leurs frères et sœurs.

Ce type d'éducation n'est pas organisé par l'école, mais il est permis et même encouragé par l'équipe pédagogique d'Inwoods, dès l'instant qu'il semble bénéfique aux enfants ! Je trouve intéressant qu'il y ait des alternatives non seulement à l'école « classique », mais aussi... à l'école tout court ! Pour autant, je ne suis favorable au *home-schooling* que dans le cadre d'un groupe de parents qui permettent aux élèves de se sociabiliser et de s'engager dans des activités plus variées que s'ils restaient toute la journée à la maison avec leur seule famille.

Juste à côté d'Inwoods se trouve un autre établissement dont les choix m'ont surpris car ils vont encore plus loin dans le lien avec la nature. En effet, là-bas, **les élèves passent toutes leurs matinées dans les bois ! Il s'agit d'une *forest school,* ou « école en nature », un concept né aux États-Unis en 1927**, qui a fait des émules dans les pays scandinaves et principalement au Danemark. Le plus souvent, ce concept s'applique à des écoles maternelles, mais aussi des écoles élémentaires. Au secondaire, si le temps passé en forêt est moindre, l'idée **d'*outdoor education* (« éducation en plein air »)** consiste à

La vue depuis le campement d'une classe d'Ao Tawhiti partie en expédition de trois jours.

permettre aux élèves de **passer des heures – voire des jours – chaque semaine en dehors des murs de l'école**. En Nouvelle-Zélande, je fus aussi témoin d'excursions de plusieurs jours régulièrement organisées dans les montagnes ou au bord de la mer pour faire du camping, de l'escalade, de la pêche, du canoë ou de la marche.

L'idée des *forest schools* est qu'**en passant du temps en plein air, les enfants sont moins stressés et moins violents qu'en classe puisqu'ils ne sont pas limités dans leurs mouvements et qu'ils acquièrent plus rapidement un grand nombre de compétences, savoir-faire et connaissances essentielles comme le repérage dans l'espace et le temps, la compréhension du rythme des saisons, la connaissance du**

vivant… À quoi s'ajoutent, selon les promoteurs de la méthode, **un système immunitaire renforcé, une agilité et une endurance décuplées, une confiance en soi améliorée et, bien sûr, une conscience importante de la nécessité de respecter son environnement et la nature**. Des idées que le Prix Nobel de littérature 1913, l'Indien Rabindranath Tagore (1861-1941), en précurseur, avait déjà mises en œuvre, avec une dimension spirituelle, dans son école de Santiniketan, où il promouvait « une éducation sociale tournée vers la Nature vivante ».[106]

Il existe ainsi bien des manières de permettre aux élèves de renouer avec la nature. **En milieu urbain, avec les limites d'encadrement que l'on connait, le plus facile est encore d'instituer au moins une sortie hebdomadaire dans un parc ou une forêt proche.**

Les récoltes des élèves de l'école Waldorf de Fribourg dans le jardin que loue l'établissement, à l'extérieur de la ville.

18. Mieux prendre en compte le besoin d'activité physique des élèves

La place de l'activité physique dans les écoles en France est le plus souvent réduite au strict mimimum. À l'école élémentaire, les élèves ont deux fois quinze minutes de récréation par jour, plus une heure sur le temps du déjeuner, pendant laquelle certains ont tendance à beaucoup bouger, mais où d'autres préfèrent discuter tranquillement, jouer à des jeux calmes, ou même lire un livre... Au final, les élèves n'ont donc que deux heures de réelle pratique sportive hebdomadaire à l'occasion des cours d'EPS (moins, en réalité, puisqu'il faut déduire le temps de se changer, d'aller au stade…). Ceux qui restent ensuite au centre de loisirs ont en général l'occasion de se rattraper un peu, cependant **tous les élèves passent au moins 5 heures 30 assis sur leur chaise quotidiennement dès le CP, et souvent bien plus une fois arrivés au collège, ce qui ne respecte absolument pas la nature d'un jeune en développement** ! La plupart des enfants s'adaptent – après tout, on se fait à tout –, mais certains n'y parviennent pas et développent un malêtre souvent qualifié de manière abusive « d'hyperactivité », ils dérangent la classe.

On sait que la sédentarité est mauvaise pour la santé physique et mentale. C'est une certitude dont nous sommes de plus en plus conscients en tant qu'adultes au travail, mais qui ne nous questionne pas ou très peu lorsqu'il s'agit du contexte scolaire et de ce qui y est imposé aux élèves… Et pourtant, plusieurs études ont même montré l'impact positif d'une pratique sportive intense sur les résultats des élèves dans les matières scolaires ![107]

Deux jeunes filles dansent dans la cour de récréation à Eestinkallio.
Celle-ci donne d'un côté sur la forêt, de l'autre sur la route (sans barrière).

Les écoles auxquelles j'ai pu accéder en Finlande, en Allemagne, au Canada et en Angleterre prennent en compte les besoins de mouvement des élèves de façons différentes selon les établissements, ce qui prouve qu'il y a plusieurs manières d'aborder la question.

Ainsi, **en Finlande, la journée est entrecoupée de récréations de quinze minutes tous les trois quarts d'heure. Les enfants vont dehors, qu'il pleuve ou qu'il vente**, sauf en cas de grosse tempête de neige – ce qui est arrivé une seule fois durant le mois (novembre) que je passais à Espoo. Ils peuvent sauter autant qu'ils le souhaitent dans les flaques d'eau, se rouler dans la neige, personne n'y voit rien à redire. Dans les collèges les mieux dotés, même en cas de forte intempérie, les élèves ont l'occasion d'être en mouvement pendant les pauses : ils peuvent par exemple rester en intérieur pour jouer au tennis de table ou au babyfoot.

Dans les écoles primaires, **l'aménagement de la classe permet aussi à chacun d'assouvir son besoin de mouvement puisque les élèves peuvent aussi bien travailler assis à une table qu'en tailleur, sur une balle de gym ou bien allongés sur un tapis**. La fréquence des activités de groupe et des activités manuelles permet elle aussi aux élèves de changer de position régulièrement et de respecter ce besoin.

« *On sait que c'est mauvais pour la santé que les élèves gardent la même position pendant quarante minutes, alors j'essaye de rendre mes cours dynamiques, avec des jeux où l'on sort de la classe et les élèves doivent se lever et même courir. Ça permet de varier les situations tout en faisant finalement travailler les mêmes notions. Les élèves s'ennuient moins, ils ne peuvent rester passifs à m'écouter tranquillement* », m'explique la prof de français de l'école Kilonpuisto, Annamari Jukko, après un cours effectivement très dynamique. Dans le cadre du travail sur les conjugaisons du présent de l'indicatif, les élèves sont par exemple invités à constituer deux équipes pour effectuer un relai dont l'objectif est de rassembler le plus rapidement possible les pronoms personnels sujets (je, tu, nous…) et les verbes conjugués qui leur correspondent (« mange », « manges », « mangeons »…). En classe, les élèves ne posent aucune question et rechignent à se porter volontaires pour résoudre les exercices écrits, attendant que ça se passe ; une fois descendus dans le préau, ils se mettent tous en action, se prêtent au jeu et réinvestissent la leçon qui leur a été présentée en classe quelques minutes auparavant. D'autres jeux permettant aux élèves d'échanger en bougeant facilitèrent aussi l'apprentissage des notions présentées par l'enseignante.

Au Canada, Michelle Vaudrin tient également à mettre l'accent sur l'activité physique au sein de l'école, à travers la pratique encadrée de différents sports : « *On n'a peut-être pas les moyens d'avoir des infrastructures extraordinaires, mais les enfants ici font plus d'activité physique à l'école que n'importe quel enfant dans la ville !* »

L'école participe notamment au **programme BOKS**, lancé par l'Américaine Kathleen Tullie en partenariat avec Reebok, qui consiste à faire du **fitness pendant 30 minutes tous les matins à 9 heures 30 avant de débuter les apprentissages** : « *Ça permet aux élèves d'être dans de bonnes dispositions pour démarrer la journée* », explique Michelle Vaudrin. Les élèves, après un échauffement, font des jeux qui les amènent à courir, puis s'entrainent à faire des pompes, abdos, squats – selon le programme de la semaine – avant d'enchainer sur un jeu collectif et de finir par des étirements.[108]

En plus de ces entrainements matinaux, les écoliers ont aussi deux heures de sport tous les mercredis matin au gymnase adjacent à l'académie Vaudrin. Ils y font du hockey, du football… comme les autres écoles.

À cela s'ajoute, une fois par semaine, un cours de danse prodigué par Stéphanie Guindon, enseignante de français et de danse et gymnastique depuis près de 20 ans. Elle fait principalement pratiquer à ses élèves la **méthode Feldenkrais**, qui doit amener ses pratiquants à prendre conscience de leurs mouvements dans l'espace et dans leur environnement.[109]

« *Ça permet de se rendre compte de la manière dont on se tient, c'est-à-dire mal... et de corriger ça en rééquilibrant la posture* », explique l'enseignante.

À ces activités sportives s'ajoute un autre élément qui me semble intéressant : dans les classes, **les élèves s'assoient sur des chaises à bascule et travaillent autour de tables ergonomiques** ![110] « *Dire aux élèves d'arrêter de se balancer donne bonne conscience, mais c'est inutile et même contreproductif, parce que les élèves qui se balancent vont alors mettre toute leur attention sur leur mouvement de va-et-vient et ne seront plus disponibles intellectuellement pour apprendre* », complète Déborah Nakache, enseignante des élèves les plus âgés.

Un dernier exemple d'écoles qui mettent l'activité physique au centre de leurs préoccupations : dans les établissements Steiner à Cologne et à Fribourg, les élèves ne sont pas incités à bouger pendant les cours académiques. Toutefois, vu que ces cours durent rarement plus de deux heures par jour au primaire, les jeunes passent beaucoup de temps debout lors des heures destinées aux matières manuelles et artistiques. Encore plus qu'en Finlande ! **Que ce soit pour les cours de chaudronnerie, d'agriculture ou de danse, les élèves sont toujours en mouvement**. Ce à quoi s'ajoute une récréation de trente minutes le matin, durant laquelle les élèves peuvent aussi bien grimper aux arbres que jouer au foot, chercher des vers de terre ou discuter en se promenant entre les bosquets. L'après-midi, à Cologne, les plus jeunes peuvent rester au « centre de loisirs »

Dans cette classe à Lähderanta, les élèves peuvent s'assoir sur une chaise, un canapé, une balle de gym ou par terre.

pour jouer en toute liberté dehors, cuisiner, se déguiser, lire, faire des plantations, de la balançoire… Bref, bouger absolument comme ils l'entendent. Aussi, même si les cours finissent tôt, en début d'après-midi, l'école ne laisse pas pour autant les élèves désœuvrés l'après-midi, elle organise une prise en charge en accord avec les valeurs de l'école avec les éducateurs qui prennent le relai des enseignants après la fin des cours.

N'ayant encore jamais vu d'enfants aussi intrépides et à l'aise en escalade et en déplacements périlleux qu'à l'école Steiner de Cologne, j'en déduis que la prise en compte de leur besoin d'activité physique y est efficace. En cours de sport, le professeur Roland Schleheck organise par exemple un parcours qui amène les élèves de 7 ans à marcher à près de deux mètres de haut sur une poutre de dix centimètres de large. Ils sont extrêmement rapides et à l'aise, hormis une seule petite fille… dont c'est la première année en école Waldorf ! Un hasard ? Je ne crois pas.

TAMARIKI SCHOOL – CHRISTCHURCH, NOUVELLE- ZÉLANDE

Nombre d'élèves : 51 | **École :** publique

Liberté d'apprentissage et auto-gestion

S'il est bien une école qui m'a énormément surpris, c'est l'école démocratique Tamariki. Blottie sur quatre hectares dans un quartier résidentiel de Christchurch, Tamariki fait plus penser à une maison de vacances capable d'accueillir de grandes cousinades qu'à une école. Elle est fréquentée par une cinquantaine d'enfants âgés de 7 à 12 ans.

Très loin du modèle de l'école traditionnelle, **cette école laisse les élèves absolument libres de faire ce qu'ils veulent toute la journée, et ce, en permanence.** Les adultes sont là pour répondre aux demandes des élèves et pour leur proposer des activités si ceux-ci en font la demande. Ils veillent aussi à la sécurité physique et affective de tous.

Une journée type peut ressembler à ceci : tandis que de jeunes enfants jouent aux Lego dans la salle dédiée aux petits

dans un gigantesque bazar (« C'est pas grave, on rangera ce soir », dit Mary Olsen, la responsable de cette salle), d'autres se déguisent et racontent des histoires. À côté, quelques adolescentes font de la géométrie avec leur professeure dans la salle dédiée aux plus âgés. Dehors, un petit garçon manchot fait du vélo et s'extasie d'y parvenir. Des enfants jouent en petits groupes dans la salle de musique (décorée de fresques réalisées par les élèves). D'autres construisent, dans l'enceinte de l'école, de grandes cabanes à base de larges barriques en métal, de branches et de bâches.

Chapitre V

Une école démocratique

19. Promouvoir la gestion démocratique du quotidien au sein de l'école

« On prépare la démocratie de demain par la démocratie à l'École. Un régime autoritaire à l'École ne saurait être formateur de citoyens démocrates. »[111]

Dans le monde anglo-saxon, nombreuses sont **les écoles où les élèves gèrent eux-mêmes le quotidien de l'établissement et en créent toutes les règles**, à force de longues discussions lors desquelles **leur voix pèse autant que celle de n'importe quel adulte**.

C'est le cas dans les écoles démocratiques. À Tamariki, en Nouvelle-Zélande, le slogan de l'école pourrait être « libres et responsables », ce qui se traduit par une liberté d'apprentissage totale mais aussi par la place extrêmement importante qu'y prend la démocratie directe. Voici ce que je notais le lundi 6 mars 2017 :

Vers 10 h, je vois une petite fille rousse, un ours en peluche sous le bras, parcourir l'école en clamant : « Whooooole schoooool meeeeeeting, whoooole schoooool meeeeeeting » (« Réunion de toute l'école »). Enfants et adultes abandonnent rapidement leurs activités pour se rassembler dans la pièce centrale de l'école, où peuvent tenir les 57 enfants, les

Conseil d'école à Tamariki, rassemblant enfants de tous âges, enseignantes et parents présents ce jour-là.

enseignantes et quelques mamans présentes. On s'assoit sur des canapés, des chaises, des tabourets, voire par terre.

Certains ont déjà commencé à manger leur repas du midi (chacun apporte sa *lunch box* et peut cuisiner ou réchauffer son plat dans la cuisine). La petite fille est chargée de présider la réunion. L'objet de celle-ci est de statuer sur la proposition d'une élève qui souhaite qu'aucun autre enfant n'ait le droit de grimper sur son arbre favori ! Après un débat dépassionné mais nourri néanmoins par les nombreuses interventions des enfants – qui doivent attendre que la présidente leur donne la parole pour s'exprimer –, la présidente demande si la motion de la petite fille est acceptée et procède à un vote à main levée. Tous les enfants rejettent ladite mention, sans pour autant que la petite fille ne s'en émeuve.

« Y a-t-il d'autres sujets qui doivent être discutés ? » poursuit la présidente.

S'ensuivent de courtes discussions concernant les règles d'utilisation de la cuisine, de la salle à déguisement... « Plus aucun sujet à discuter ? la réunion est levée », proclame la présidente. Les enfants partent alors en courant et en riant pour vaquer à leurs occupations. Une enseignante donne un cours d'arithmétique à quelques jeunes filles, tandis qu'une autre enseigne la lecture à un élève de 7 ans. La grande majorité des élèves jouent à l'extérieur, construisent des cabanes, escaladent les arbres, chantent en karaoké, se déguisent…

Pendant la réunion, les adultes ont peu pris la parole, et selon les mêmes règles que les enfants. Leurs motions peuvent être déclinées comme celles des enfants si elles ne remportent pas l'adhésion collective. « Quand on a une idée qui permettrait de résoudre un problème soulevé par des enfants, on évite de donner notre "réponse", car le but c'est que les enfants réfléchissent. Si c'est un problème qui persiste, alors nous intervenons », m'explique une enseignante.

Bien que l'école ne s'attribue jamais le label d'« école démocratique », elle s'inspire cependant de l'internat de Summerhill, fondé par A. S. Neill, même si, en pratique, son fonctionnement rappelle davantage celui de l'école Sudbury Valley, fondée deux ans après Tamariki.

Hormis des règles de sécurité telles que l'obligation de porter un chapeau et de la crème solaire quand l'on joue dehors, **l'école n'a que deux dogmes : « Nul ne peut forcer autrui à faire quelque chose qu'il ne souhaite pas faire » et « La réunion de tous les membres de l'école prime sur toute autre activité ». Le reste est matière à discussion** ; une règle qui ne fonctionne pas peut être modifiée à la demande d'un élève, d'un enseignant ou d'un parent, en invoquant une de ces réunions d'école. « Parfois il y en a trois par jour, parfois une par semaine, il n'y a pas de règle, tout dépend des besoins ! » m'explique une maman bénévole pour accueillir les visiteurs, dont deux des trois enfants sont scolarisés à Tamariki. Les enfants sont même sollicités quand il s'agit de savoir quels vont être les nouveaux membres de l'équipe pédagogique !

Voici quelques exemples de thématiques ayant fait l'objet de discussions dans le cadre des réunions :

- Certains enfants trouvaient que le hangar à musique était laid. Ils proposèrent de peindre l'intérieur. Des débats eurent lieu pour savoir si tout le monde était d'accord sur le principe mais aussi comment s'organiseraient les travaux : qui s'engage à aller acheter le matériel ? Qui fait venir un intervenant pour aider les apprentis peintres ? Comment est récolté l'argent nécessaire à ce projet ? Comment se déroule la répartition des tâches lors des travaux ?…
- Des enfants se disputaient fréquemment pour avoir accès à la salle de théâtre et à ses costumes (faits de bric et de broc). Ils convoquèrent une réunion pour que soit mis en place un système qui permettrait d'éviter ces affrontements. Après plusieurs tentatives peu efficaces aux yeux des élèves,

une dernière solution fut adoptée (même si les enseignantes qui m'accompagnent me rappellent qu'aucune solution n'est vraiment définitive. Chacune est susceptible d'évoluer si le contexte change et qu'elle devient insatisfaisante) : un tableau d'inscription fut accroché à la porte, à compléter le matin par les élèves intéressés par un créneau. Chaque enfant ne pouvait disposer de la salle que pendant une heure dans la journée si tous les créneaux étaient pris, plus d'une heure s'il restait des créneaux libres l'après-midi. Un maximum de cinq enfants était toléré sur chaque plage horaire.

Au sein de l'équipe pédagogique, personne ne raisonne en termes d'objectifs pédagogiques, encore moins de compétences puisque, ici, on est convaincu que l'enfant apprend en vivant, et que l'école n'est qu'un prolongement de la maison lui permettant de se confronter à un cadre différent et lui offrant des activités plus variées, en raison du grand nombre d'enfants présents. Néanmoins j'ai constaté que des compétences particulières étaient acquises lors de ces réunions : non seulement les élèves font preuve d'esprit critique et d'un sens de l'observation et de l'écoute très développé, mais ils parviennent aussi fort bien à s'organiser autour d'objectifs communs, à travailler dans des groupes autodéterminés de tailles très variées.

Et si le fait d'accorder tant de pouvoir aux élèves me faisait peur à l'origine, j'ai vite été rassuré en observant à quel point ceux-ci étaient raisonnés et coopératifs. **Je n'avais jamais vu autant de maturité chez des enfants (et de nombreuses assemblées politiques pourraient s'inspirer de la façon dont les élèves de cette école prennent des décisions et les appliquent)**.

Le nombre d'élèves, qui ont entre 7 et 12 ans, est volontairement limité à soixante chaque année afin de permettre cette forme de démocratie directe où tous peuvent s'exprimer.

Après la réunion de 10 heures s'enchainèrent encore quatre réunions dans la même journée ! La deuxième ne dura que dix minutes mais eut lieu à peine cinq minutes après la première, ce qui dérangea particulièrement les plus grands qui venaient de se remettre à leurs activités. Les deux suivantes eurent lieu à plus d'une heure d'intervalle et se déroulèrent aussi bien que les premières, sans excéder trente minutes. À chaque fois, c'était des « petits » qui avaient demandé à ce qu'une réunion ait lieu. « C'est parfois un peu énervant pour les plus grands, mais ils savent que c'est un processus normal d'apprentissage de la démocratie directe. Plus l'année avancera, plus les petits comprendront quelles questions méritent de réunir l'école pour être débattues, et surtout plus ils seront efficaces dans leurs demandes et échanges », sourit l'une des enseignantes.

À Tamariki, on estime que la démocratie directe est le seul moyen qui permette de répondre aux besoins de chacun dans le respect de tous, et que l'on ne peut pas s'attendre à ce que la démocratie fonctionne à l'âge adulte si l'on n'a jamais permis aux enfants de l'expérimenter. Lorsqu'on voit la violence des débats parlementaires dans certains pays où l'on finit par en venir aux mains, il est agréable de constater à quel point les enfants de Tamariki sont bien plus doués pour échanger en écoutant les autres que la plupart des adultes. **La discussion dans le respect de son interlocuteur y est un processus tellement habituel qu'elle peut être dépassionnée**

et permettre de trouver les solutions répondant le mieux aux besoins de tous.

« Chacun sait qu'il peut être entendu, qu'il peut changer les choses dans l'école, qu'il n'est pas livré au pouvoir arbitraire d'un adulte ou de certains enfants », explique une autre enseignante. « Dans ce contexte, nous n'avons que très rarement des cas de violence, il n'y a pas de possibilité d'être frustré. »

Certains enseignants rencontrés dans d'autres écoles s'interrogent sur la perte de temps induite par ce modèle dans lequel des réunions ont lieu à tout moment de la journée. À mon sens, un enfant plongé dans une activité passionnante pourrait être frustré d'être interrompu par des réunions inattendues. Je ne pense pas non plus qu'il soit nécessaire que ces réunions puissent avoir lieu à n'importe quel moment ni aussi souvent que possible. En effet, ce genre de situations n'a jamais lieu en société, il est donc nécessaire que les élèves apprennent à ne pas agir dans l'immédiateté en permanence, à gérer leurs flux d'idées et à attendre de les exprimer lors du temps imparti aux délibérations.

Néanmoins, il me semble essentiel que de telles réunions aient lieu régulièrement dans la classe, voire dans toute l'école, sans avoir recours à des délégués mais bien en démocratie directe et non représentative. Il me parait important que nous apprenions tous, dès le plus jeune âge, à nous sentir responsables du fonctionnement de notre environnement et de nos interactions avec autrui. En outre, un tel fonctionnement induit que les élèves émettent des pensées critiques orientées vers la recherche de meilleures solutions, ce qui à mon sens est une qualité particulièrement utile aussi bien d'un point de vue individuel que sociétal. **Il faut pour cela que les prérogatives de ces réunions d'élèves soient importantes et que les adultes y jouent un rôle minime en se contentant de poser le cadre pour développer l'autonomie des élèves.**

En Finlande, la ville d'Espoo accorde une enveloppe de 2 500 euros à chaque conseil des élèves afin que cette instance décide de financer un projet pour l'école. À Eestinkallio, les élèves voulaient d'abord aménager un parcours dans la cour, avant d'apprendre que les réglementations en la matière nécessitaient des investissements supplémentaires importants par mesure de sécurité, tels que l'aménagement d'une zone de sable amortissante. Bref, impossible de retenir ce projet. Après l'examen d'autres propositions, c'est finalement vers l'agencement d'un coin repos dans l'école que le conseil s'est tourné : « C'était trop drôle de voir notre vice-présidente du conseil, qui a sept ans, débattre des prix des meubles avec la représentante de la société qu'elle avait conviée devant le conseil. Elle était très professionnelle, tout le monde a été impressionné ! », s'amuse Salla, la directrice de l'établissement.

Comme quoi, à défaut d'adopter immédiatement la démocratie directe dans sa classe ou son école, des intermédiaires intéressants sont possibles… C'est aussi ce qui a lieu en France dans les classes Freinet, où **les conseils coopératifs de classe** ont lieu une fois par semaine et permettent d'établir des règles pour le groupe, d'organiser des projets tels que les sorties et voyages scolaires, mais aussi de régler les éventuels conflits. Sabine Gessain, enseignante à Labori à Paris, confie : « Au dernier conseil, les enfants m'ont dit que je m'étais trop énervée dans la semaine et qu'ils n'avaient pas aimé ça. Ça m'a fait un peu mal sur le coup. En même temps, je suis heureuse qu'ils n'aient pas peur de me dire ce qu'ils pensent, et qu'ils disposent d'un temps lors duquel ils savent qu'ils peuvent s'exprimer en toute confiance. » Lors de ces conseils, chaque membre du groupe dispose d'un vote, y compris l'enseignant, qui conserve, comme dans les écoles démocratiques, un droit de véto en cas de danger. C'est pendant ce conseil que les enfants vont notamment devoir trouver des solutions à leurs conflits. « Chacun sait qu'une résolution de conflit lui sera proposée lors du conseil. Ça permet d'éviter beaucoup de coups et de violence verbale durant la semaine. »

La présidence du conseil est tournante, c'est à l'élève qui incarne cette fonction d'ouvrir la réunion en rappelant les règles valables lors de celle-ci, puis de distribuer la parole en fonction des thèmes qui ont été inscrits à l'ordre du jour (dans un tableau à trois entrées : **je critique, je félicite, je propose**). Les élèves doivent attendre de se voir confier le bâton de parole pour s'exprimer et ne peuvent être interrompus tant qu'ils l'ont en main. Ceux qui « gênent » à trois reprises n'ont plus le droit de voter ni de parler lors du conseil en question. Le but est de responsabiliser les élèves, de valoriser la résolution de conflit de manière non violente, d'aménager un temps de parole pour tous et de manifester aux élèves la confiance qui leur est faite.

Les « félicitations » consistent en ce qu'un élève complimente ou remercie un autre enfant ou l'adulte pour un comportement qui lui a plu. Elles ont pour but de créer un climat serein dans la classe et de ne pas transformer le conseil en un tribunal où les élèves règlent leurs problèmes avec un des membres du groupe sans que rien de positif n'émerge. C'est souvent un élève qui a été « critiqué » précédemment pour un comportement jugé inopportun qui est félicité parce qu'il l'a modifié.

Parmi les « propositions », celles concernant les jeux auxquels les élèves peuvent jouer dans la cour de récréation sont récurrentes (« On peut utiliser les cerceaux / jouer au foot, mais comment ? Et où ? Avec combien de personnes ? ») ; de même que les débats concernant la classe découverte (« Faire du poney ? Aller à la mer ? Ou bien à la montagne ? »).

On l'a vu, les modalités d'introduction de la démocratie directe à l'école sont multiples. Certaines peuvent s'inscrire dans le cadre de l'Éducation nationale française. Mais la gestion démocratique de la vie quotidienne de l'établissement peut aussi s'étendre au mode de gestion de l'ensemble scolaire par les adultes.

20. Instaurer une gestion collégiale dans l'établissement

Comme en France, les directrices et directeurs de tous les établissements qui m'ont accueilli prennent en compte l'avis des enseignants pour organiser la vie pédagogique de l'école, mais **seules les écoles Steiner ont une réelle codirection à la tête de l'équipe pédagogique** (aussi appelée **direction collégiale**). De quoi s'agit-il ?

« Direction collégiale » signifie que, dans l'institution, **le rôle de directeur et de responsable de l'établissement appartient à tous les enseignants, qui se partagent les tâches habituellement attribuées au directeur.** Ainsi, à Cologne et à Fribourg, la trentaine de professeurs se réunit-elle une fois par semaine lors de la « **conférence des enseignants** » pour discuter de la direction pédagogique et administrative de l'école. **Des groupes de travail** préparent les discussions en fonction des différentes tâches incombant à une direction (relations avec les parents, avec les institutions, avec les partenaires extérieurs...) ; tout le monde doit y passer car, au sein de ces écoles, cela fait partie du métier d'enseignant. **On retrouve aussi cette idée dans certaines écoles Freinet en France** ; l'un des enseignants reste cependant officiellement « directeur/directrice » aux yeux de l'administration puisqu'il ne peut en être autrement juridiquement.

L'intérêt de ce fonctionnement selon Iris Horneber, qui enseigne à l'école libre de Fribourg, c'est principalement de responsabiliser tous les membres de l'équipe, équitablement impliqués dans la mise en place des projets de l'école. À quoi s'ajoute un **renforcement de l'esprit de solidarité entre les membres du groupe,** dont le travail est basé sur des relations de confiance et d'entraide. Enfin, les **activités administratives « rébarbatives » sont alors mieux réparties entre les différents enseignants** et ne reviennent plus à une seule personne.

Contrairement à ce qui a lieu dans une école où le directeur, la directrice, a la prérogative de prendre la décision finale, les débats durent plus longtemps et les décisions peuvent être repoussées à une séance ultérieure quand il s'agit de thèmes clivants. Petit exemple tiré d'une des « conférence des professeurs » à laquelle j'assistais en Allemagne :

Tous les professeurs sont assis en cercle dans une salle dédiée à cet évènement hebdomadaire, devant une grande bibliothèque en bois sombre. Des fleurs sauvages sont disposées au centre de la pièce, entourées de bougies. Il n'y a pas de chef à proprement parler, un triumvirat – renouvelé tous les ans – est chargé de l'organisation de la conférence et de la distribution de la parole. De nombreux professeurs s'expriment très peu et avalisent toutes les décisions. Ce jour-là, le thème est particulièrement sensible pour une école Waldorf : il s'agit de l'introduction des technologies de l'information et de la communication à l'école – elles en sont à l'heure actuelle absentes.

S'opposent les partisans du pragmatisme (« Les élèves les utilisent chez eux de toute façon, alors autant les former à bien les utiliser ! ») et ceux de l'idéalisme steinerien (« Justement, l'école doit demeurer un lieu préservé de ces médias, un lieu où les enfants peuvent avoir un contact avec le monde réel ! »). Impossible d'obtenir un consensus sur cette question. Du coup, la décision finale est la suivante : les professeurs doivent autant que possible s'abstenir de donner des thèmes de recherche qui risquent d'amener les élèves à utiliser Internet et se concentrer sur des choses très concrètes (des enquêtes de terrain, par exemple). Puis, une commission est chargée de faire une proposition de « formation à l'usage d'Internet dans la recherche d'informations » à destination des élèves. Bref, si la décision sur le fond a été reportée, tous les enseignants ont cependant l'air satisfaits, leur avis ayant été pris en compte.

En termes d'applicabilité à tout établissement scolaire, une remarque s'impose : à mon sens, **pour qu'une direction collégiale puisse fonctionner, il faut qu'il y ait une certaine cohérence pédagogique au sein de l'école, indépendamment de l'orientation que prend celle-ci**. Mais ce n'est pas toujours le cas dans les établissements publics français classiques puisque les enseignants y sont nommés sans qu'il s'agisse forcément de l'école de leur choix, ni que la direction de l'établissement n'ait eu son mot à dire. On peut donc voir des collègues défendant des méthodes parfois totalement opposées travailler côte à côte, ce qui ne facilite pas le consensus, et constituerait une sérieuse entrave à la mise en place d'une direction collégiale.

À contrario, **dans toutes les écoles visitées à l'étranger au cours de mon voyage, les enseignants avaient candidaté à un poste au sein de l'établissement de leur choix, dans la ville de leur choix, et ce dès leur première année de service, même dans le public**. Chaque établissement était en charge d'embaucher son personnel, qu'il s'agisse d'écoles privées ou publiques. Cela favorise à mon sens la cohésion pédagogique et la motivation des enseignants comme des élèves. **Pour autant, ces pays ne souffrent pas d'un manque de professeurs dans certaines zones isolées** (argument souvent avancé en France par les défenseurs de l'affectation administrative des postes d'enseignants en fonction d'un barème « objectif » lié aux années d'ancienneté et à la situation familiale).

En France, on peut se demander si le fait de laisser le choix aux équipes pédagogiques des écoles (pas seulement au directeur) du recrutement de leurs collègues ne faciliterait pas le travail en équipe au profit des enfants ? Et pourquoi ne pas solliciter les parents élus et les élèves, comme cela se fait en Nouvelle-Zélande dans tous les établissements, même les plus classiques ? Il existe au sein de l'école publique française de nombreuses équipes qui partagent des valeurs et envies similaires et où une direction collégiale serait envisageable.

Surtout, ce système permettrait aux enseignants de travailler au plus près de chez eux, ce qui est plus motivant et accroitrait sans doute le nombre de candidats à cette carrière (en chute libre depuis des années). Il me semble tout à fait absurde que de jeunes professeurs de collège soient bringuebalés pendant des années du Midi à la Lorraine, en passant par la Bretagne, avant de pouvoir se stabiliser à un poste ou retourner dans leur ville d'origine.[112] Je n'ai vu cela nulle part ailleurs.

En Allemagne, il est plus simple d'organiser une direction collégiale qu'en France, étant donné que les cours finissent plus tôt et que les professeurs ont donc plus de temps libre durant la journée. En France, il existe pourtant des solutions, qui sont déjà appliquées par certains collègues. D'un point de vue pratique, **le chercheur Sylvain Connac propose par exemple de mettre en place des décharges de direction, réparties équitablement entre les enseignants désireux de prendre part à la direction collégiale de l'établissement**. L'équipe se réunit une fois par semaine et un cahier de suivi assure la transmission quotidienne des informations au sein de l'équipe collégiale. Les tâches du quotidien (accueillir les parents, répondre au téléphone, se mettre à l'écoute des enfants et du personnel de l'école) sont du ressort de chaque enseignant le jour où il est déchargé. Pour les tâches plus complexes, on peut concevoir que chaque membre de l'équipe de direction collégiale ait certaines « spécialités ». Gestion des inscriptions, gestion des mails, traitement et suivi des commandes, relations avec les services municipaux, gestion de la coopérative... À chacun des enseignants sont assignées certaines tâches (les plus « brulantes » pouvant être réservées au titulaire du poste, qui reste officiellement en charge de la direction vis-à-vis de l'Institution).[113]

Il existe donc bien des moyens et des méthodes pour que ce système de direction collégiale puisse être transposé en France.

Conclusion

Aujourd'hui, en France, tout le monde est d'accord pour dire qu'il faut « transformer l'école en profondeur ». Les propositions affluent, rarement convergentes. À « Espoirs Banlieue », on souhaiterait plus d'exigence, plus d'esprit patriotique, un retour à « l'école de nos grands-parents ». Au sein des gouvernements successifs, de Claude Allègre à Jack Lang ou Xavier Darcos, on veut renforcer la place des « apprentissages fondamentaux »[114] – comme s'ils n'occupaient pas déjà les élèves pendant 60 % de leur temps, bien plus que dans n'importe quel pays européen. On vante les mérites de la dictée, des exercices de conjugaison et de calcul mental.[115]

Depuis un an, des propositions, toutes plus symboliques les unes que les autres, affluent : la rentrée en musique, l'aide aux devoirs, le baccalauréat « light », le « retour » du redoublement, l'abaissement de l'âge de scolarisation obligatoire à trois ans, « l'interdiction » de la « méthode globale » de lecture, le retour à la semaine de quatre jours… Toutes ces mesures, régulièrement présentées dans certains médias comme autant de révolutions, sont de la poudre aux yeux, et les enseignants ne sont pas dupes. Elles **ne coutent presque rien à l'État, et ne remettent absolument pas en cause les finalités de l'École traditionnelle** telles que je les ai exposées, en me basant sur un rapport du Commissariat général à la stratégie et à la prospective.

Et certains osent parler de « révolution »[116] quand rien ne change !

On n'apprend pas à être libre en étant assis toute la journée à un petit bureau. On n'apprend pas à être un démocrate en n'ayant aucun poids sur l'établissement où l'on étudie. On n'apprend pas à être empathique en lisant que Napoléon est l'un des grands héros de la France. On n'apprend pas à être critique en n'ayant jamais la possibilité de remettre en cause la parole de l'adulte. On n'apprend pas à être créatif en n'ayant aucun temps libre. On n'apprend pas à faire preuve d'initiative quand tout ce que l'on DOIT apprendre est décrit dans des programmes nationaux. On n'apprend pas à aimer la nature quand on est enfermé derrière des grilles sur une grande dalle bitumée. On n'apprend pas à être coopératif quand on ne peut jamais parler librement avec ses camarades pendant la classe. On n'apprend pas à s'aimer inconditionnellement quand on est constamment jugé et classé en fonction de notes.

Une autre École est nécessaire, et c'est l'action collective d'enseignants convaincus de la nécessité d'un autre monde qui lui permettra de voir le jour. Un monde moins coercitif, constitué d'individus réellement libres et responsables.

Seule une éducation prônant l'autodétermination, l'autogestion et la responsabilité sociale et environnementale permettra d'aboutir à ce monde.

Quant aux aspects pratiques d'une telle éducation, libre à chaque enseignant, éducateur ou parent de développer ses propres méthodes, en adaptant ce qui se fait ailleurs dans le monde en fonction de sa personnalité, des enfants dont il a la charge et du contexte éducatif local. Le but de cet ouvrage n'était pas de décrire LA méthode pédagogique idéale… mais de présenter des initiatives qui pourront constituer des pistes de réflexion, dans l'optique de l'école d'un monde meilleur. Sans doute peut-on faire une synthèse de ces « bonnes pratiques ». Certains, dans le monde mais aussi en France[117], se sont déjà attelés à cette tâche. Joignons-nous à eux !

Notes | Partie 1

1. Jiddu Krishnamurti (1895-1986), penseur indien, promoteur d'une éducation qui libérerait de tout conditionnement : *Educating the Educator*, Krishnamurti Foundation of America, Ojai, 2013.

2. Adolphe Ferrière (1879-1960), cofondateur en 1921 de la Ligue internationale de l'éducation nouvelle : *Transformons l'école*, Delachaux et Niestlé, Neuchâtel, 1920.

3. **www.tourdumondedespedagogies.com**

4. À mon retour, je suis intervenu ainsi au festival du Printemps de l'éducation à Roubaix ainsi qu'au festival pour l'École de la vie à Montpellier ; j'ai été invité à échanger avec des groupes d'étudiants de différentes universités du nord de la France. Et surtout, j'ai visité une vingtaine de classes dans différentes écoles primaires franciliennes.

5. Ainsi André Tricot écrit-il : « Le plus grand mythe de l'histoire de la pédagogie est bien la pédagogie traditionnelle. Cette expression ne désigne rien de précis (...). Elle n'est pas seulement une manière de réduire des différences entre des milliers d'enseignants qui enseignent, chacun, différemment. (...) Elle est juste une expression qui ne signifie rien, mais qui peut être utilisée quand on veut promouvoir une innovation pédagogique : cette dernière serait tout le contraire de la pédagogie traditionnelle. », *L'Innovation pédagogique : mythes et réalités*, Retz, 2017, p. 107.

6. Houssaye, J., *La Pédagogie traditionnelle, une histoire de la pédagogie.* Suivi de *Petite histoire des savoirs sur l'éducation*, Éditions Fabert, 2014.

7. Fabre, M., recension du précédent dans *Recherches en éducation*, juin 2014.

8. Littérature, langues vivantes et langues mortes, sciences humaines et sciences de la nature.

9. Annexe du *Bulletin officiel* n° 17 du 23 avril 2015.

10. Frères des écoles chrétiennes, « La conduite », publiée en 1722. Chapitre 3, article premier.

11. Béziat, J., « Former aux TICE : entre compétences techniques et modèles pédagogiques », *Revue internationale des technologies en pédagogie universitaire*, 9(1-2), 2012, p. 52-53.

12. Dans le rapport du ministère de l'Éducation nationale, *L'Europe de l'éducation en chiffres*, 2016, p. 45, on voit que les enseignants français sont ceux qui, en Europe, ont le moins recours à la différenciation. Ils ont aussi très peu recours à la pédagogie de projet, comparés à leurs collègues britanniques ou suédois. Sans même parler de méthodes « révolutionnaires », on constate qu'ils sont également parmi ceux qui font le moins travailler leurs élèves en groupes et ceux qui font le moins référence à un problème de la vie courante pour montrer l'utilité des nouveaux acquis. Le rapport PIRLS 2016 déplore le fait qu'ils aient des techniques d'enseignement de la compréhension de texte très peu efficaces au regard de leurs collègues européens, ce qui serait dû à une formation initiale et continue insuffisante.

13. Manifeste de la Centrale de l'enseignement du Québec, *L'École au service de la classe dominante*, M éditeur, 2012.

14. Aussi appelé France Stratégie. Inutile de préciser que ce rapport n'a pas été mis en avant par le gouvernement l'ayant commandé, et que ses propositions n'ont pas été suivies.

15. France Stratégie (CGSP), *Quelle finalité pour quelle École ?*, 2016.

16. Conseil national d'évaluation du système scolaire, *Comment l'école amplifie les inégalités sociales et migratoires*, octobre 2015.

17. Observatoire des inégalités, *Rapport sur les inégalités en France*, 2017.

18. *Ibid.*

19. Duru-Bellat, M., *Le Mérite contre la justice*, Nouveaux Débats, 2009.

20. Réseau d'éducation prioritaire, qui regroupe des établissements dont les publics sont issus de milieux particulièrement défavorisés.

21. En effet, la majeure partie de ces dépenses sert en fait plus à revaloriser le revenu des professeurs y travaillant (versement d'une prime représentant 4 % du salaire moyen d'un professeur) qu'à changer quoi que ce soit à la pratique de la classe. Même le nombre d'élèves n'y est inférieur à celui des classes classiques que de 1,4 enfant seulement, ce qui ne serait pas suffisant, toujours selon le Cnesco, pour avoir une influence sur les résultats scolaires.

22. Institut Montaigne, *Écoles primaires en ZEP, faire plus et différemment*, 2008.

23. Oxfam International, « Partager la richesse avec celles et ceux qui la créent », janvier 2017, p. 17.

24. Insee, *L'Hébergement des sans-domicile en 2012*, Insee Première, n° 1455, 2013.

25. Leboulanger, P., Massol, N., « À la recherche des sans-abris dans les rues de Paris », *Libération*, 16 février 2018.

26. Pickett, K., Wilkinson, R., *Pourquoi l'égalité est meilleure pour tous*, Les Petits matins, 2013. Maurin, L., « Pourquoi l'école française est-elle si inégalitaire ? », *Alternatives Économiques*, Hors-série n° 088, février 2011.

27. On en trouve la preuve à l'article 111-1 du Code de l'éducation, mais aussi dans de nombreux discours des ministres successifs de l'Éducation nationale. Par exemple, la déclaration de M. Jean-Pierre Chevènement, président du Mouvement républicain et citoyen, sur les missions de l'école publique, et les principes d'une « refondation » de la formation des enseignants, Paris, le 28 janvier 2004. Voir aussi la tribune de Najat Vallaud Belkacem, ministre de l'Éducation nationale, de l'Enseignement supérieur et de la Recherche) dans *Le Monde,* 18 septembre 2015.

28. Véronique Brouillette, préface de *L'École au service de la classe dominante*, Centrale de l'enseignement du Québec, M éditeur, 2012.

29. Ivan Illich (1926-2002) est l'une des figures principales de la critique de la société industrielle et de ses institutions. Prêtre autrichien, défroqué, polyglotte, il est successivement résistant en Italie, pasteur à New York, vice-recteur de l'université catholique de Porto Rico, fondateur du Centre interculturel de documentation (CIDOC) au Mexique et professeur d'histoire du Moyen Âge en Allemagne. Il a écrit *Une société sans école* (1971), livre dans lequel il critique la différence entre les buts avoués par l'institution scolaire et ses finalités concrètes.

30. Gajardo, M., in *Perspectives*, revue trimestrielle d'éducation comparée, UNESCO : Bureau international d'éducation, vol. XXIII, n° 3-4, 1993, pp. 733-743.

31. Cette analyse, développée par des penseurs tels que William Morris (1834-1896), Jacques Ellul (1912-1994), Michel Freitag (1935-2009), Alexandre Grothendieck (1928-2014) et beaucoup d'autres, est désormais acceptée par toutes les organisations internationales, comme le reconnait l'Accord de Paris du 12 décembre 2015 des Nations unies, ou encore les rapports du groupe intergouvernemental d'experts sur l'évolution du climat.

32. Global Footprint Network, National Footprint Accounts, 2017.

33. Fualdes, N., « Afrique du Sud : Le Cap se prépare à une pénurie d'eau, appelée le "jour zéro" », *Jeune Afrique*, 5 mars 2018 ; Heuzé, R., « À Rome, le manque d'eau devient alarmant », *Le Figaro*, 28 juillet 2017.

34. Hugon, P., « Le rôle des ressources naturelles dans les conflits armés africains », *Hérodote*, 2009/3, n° 134.

35. WWF, « Des hommes, des espèces, des espaces, et des écosystèmes » [McLellan, R., Iyengar, L., Jeffries, B. et Oerlemans N. (édit.)], rapport *Planète vivante*®, WWF International, 2014.

36. Ceballos, G., Ehrlich, P. R., Barnosky, A. D., García, A., Pringle, R. M., Palmer, T. M., « *accelerated modern human–induced species losses: entering the sixth mass extinction* », *Sciences Advances*, vol. 1, n°5, 2015.

37. IUCN, *The IUCN Red List of Threatened Species*, version 2017-3.

38. Les écoles privées hors contrat accueillent environ 0,5 % des élèves scolarisés en France. Il s'agit généralement d'établissements à caractère confessionnel, mais aussi d'écoles alternatives. Source : MEN-MESRI, *Enquête dans les écoles publiques et privées de l'enseignement préélémentaire et élémentaire.*

39. On doit l'expression d'« école caserne » à Fernand Oury, instituteur réformiste longtemps proche de Freinet, qui intitula l'un de ses livres *Chroniques de l'école-caserne.*

40. Il lit notamment John Dewey, philosophe et pédagogue américain à l'origine de la maxime « *learning-by-doing* » et de ce qu'on considère comme la « pédagogie de projet ». Il rencontre Ferrière, Decroly, Cousinet et d'autres membres du mouvement de l'Éducation nouvelle. Il visite les écoles libertaires d'Hambourg en Allemagne en 1922, mais les trouve trop individualistes et pas assez organisées, puis effectue un séjour en

Union soviétique, où il rencontre Nadejda Kroupskaïa (1969-1939), femme de Lénine et ministre de l'Éducation, qui développe des écoles pour le peuple promouvant l'autogestion et l'enseignement polytechnique.

41. Freinet, C., « Les invariants pédagogiques, code pratique d'École moderne », dans *Bibliothèque de l'École moderne,* n°25, Éditions de l'École moderne française, 1986.

42. Tels que ceux inspirés par la « pédagogie institutionnelle » développée par Fernand Oury, instituteur en banlieue parisienne, qui met l'accent sur le rôle des institutions de la classe pour assurer l'autogestion et la libre parole des élèves.

43. Chabrun, C., *Entrer en pédagog*ie *Freinet,* Les éditions Libertalia, 2015.

44. Bancaud, D., « Écoles publiques, hors contrat, Montessori, Freinet... Comment se repérer entre les différentes écoles alternatives », *20 minutes,* décembre 2016. **www.20minutes.fr/societe/1980035-20161214-ecoles-publiques-hors-contrat-montessori-freinetcomment-reperer-entre-differentes-ecoles-alternatives**
La Fédération internationale des mouvements de l'école moderne (Fimem) regroupe aujourd'hui une trentaine de pays. Elle fait notamment état de 650 enseignants adhérents en Allemagne, 200 en Belgique, 350 en Espagne, 700 en Italie, 1 000 au Portugal et 350 au Brésil.

45. Bronner, L., « Les enseignants Freinet, "extraterrestres" de la pédagogie », *Le Monde,* août 2005. **www.lemonde.fr/societe/article/2005/08/20/les-enseignants-freinet-extraterrestres-de-la-pedagogie_681443_3224.html/M8iaG6e2fQqFosJ.99**

46. Il écrit au sujet des plans de travail : « Le lundi matin, chaque enfant note sur une feuille de contrôle polycopiée et accrochée au mur le nombre et le numéro des fiches qu'il se propose de travailler au cours de la semaine : calcul, grammaire, sciences, géographie. Une place spéciale est réservée pour que l'enfant y note ses lectures et autres travaux personnels. Le samedi soir, en assemblée générale, on contrôle les travaux exécutés. Un plan non terminé n'entraine aucune sanction. Cela n'empêche nullement, au contraire, l'intéressé de prévoir pour son plan un travail aussi important et de faire effort pour le réaliser. », Bertet, M., « Pratiques de classe : le plan de travail », *Le Nouvel Éducateur,* 1996.

47. Reuter, Y. (dir.), *Une école Freinet. Fonctionnements et effets d'une pédagogie alternative en milieu populaire,* L'Harmattan, 2007.

48. Elle reprend là un terme développé par les botanistes Jacques Loeb et Konrad Lorenz.
   - la période sensible du langage (entre 2 et 6 ans),
   - la période sensible de la coordination des mouvements (entre 18 mois et 4 ans),
   - la période sensible de l'ordre (de la naissance à 6 ans),
   - la période sensible du raffinement des sens : développement du gout, du toucher, de l'ouïe, etc. (de 18 mois à 5 ans),
   - la période sensible du comportement social (entre 2 ans et demi et 6 ans),
   - la période sensible des petits objets (de 2 à 3 ans).

49. Célestin Freinet, autre pédagogue influent de l'École nouvelle au début du XXe siècle,

salue Maria Montessori sur le fait qu'elle offre « un maximum de bonheur aux enfants » et réalise « un milieu de complète liberté et de spontanéité », dans « À propos de la méthode Montessori », *École émancipée*, n°21, 17 février 1923. Adolphe Ferrière, quant à lui, vante « la première la méthode de choix libre de l'enfant » dans *L'Activité spontanée chez l'enfant*, Éditions internationales populaires, 1922.

50. Maria Montessori, *Pédagogie scientifique*, tome 1 : « La Découverte de l'enfant », DDB, 2004.

51. En 1931, les professeurs venus au 10e Congrès de la Nouvelle éducation, dont Montessori est l'invitée d'honneur, participent à un diner au prix élevé où smoking ou jaquette sont de rigueur, en présence de l'ambassadeur d'Italie (alors fasciste). « Un congrès aristocratique. La nouvelle éducation », *L'École émancipée*, n°28 du 12 avril 1931.

52. Freinet, C., note de lecture : « Mme M. Montessori : *L'Enfant* (traduction G.-J.-J.), un vol. in-16, 15 F. Desclée de Brouwer, édit., Paris. », *L'Éducateur prolétarien*, n°11, 10 mars 1936.

53. Montessori, M., *The Child in the Church. Mortimer Standing*, 1929.

54. *La Découverte de l'enfant* (1909), *L'Enfant dans l'Église* (1922), *La Messe expliquée aux enfants* (1933), *L'Enfant* (1936)…

55. Une citation qui rappelle celle de Plutarque dans *Comment écouter* : « Car l'esprit n'est pas comme un vase qu'il ne faille que remplir. À la façon du bois, il a plutôt besoin d'un aliment qui l'échauffe, qui fait naitre en lui une impulsion inventive et l'entraine avidement en direction de la vérité. » Une idée reprise à peu près à l'identique par Rabelais et Montaigne.

56. Pech, M.E., « Les écoles Montessori séduisent de plus en plus de célébrités », *Le Figaro*, janvier 2016. **www.lefigaro.fr/actualite-france/2016/01/04/01016-20160104ARTFIG00147-les-ecoles-montessori-seduisent-de-plus-en-plus-de-celebrites.php**

57. Lillard, A., Else-Quest, N., « *Evaluating Montessori Education* » *Science*, vol. 313, n°5795, 2006, pp. 1893-1894 ; Marshall, C., « *Montessori education: a review of the evidence base* », *Science of Learning*, article 11, 2017.

58. La Société théosophique fut fondée à l'initiative d'Helena Petrovna Blavatsky en 1875. Selon le site de la Loge unie des théosophes, le mot « théosophie » évoque l'idée de « l'existence d'une gnose initiatique universelle d'où sont issues toutes les grandes religions et à laquelle l'homme pourrait accéder au terme d'une quête intérieure du divin, passant par une complète métamorphose de l'être ». Les trois buts de cette Société sont : 1) Former le noyau d'une fraternité universelle de l'humanité, sans aucune distinction de race, de couleur ou de croyance. 2) Encourager l'étude comparée des religions, sciences et philosophies. 3) Faire l'investigation des pouvoirs psychiques et spirituels, latents dans l'homme. Steiner est fortement influencé par la théosophie dans l'élaboration de sa pensée « anthroposophique ».

59. Rudolf Steiner (1861-1925), *Encyclopædia Universalis* [en ligne]. **http://www.universalis-edu.com/encyclopedie/rudolf-steiner/**

60. Steiner, R., *L'Initiation ou comment acquérir la connaissance des mondes supérieurs*, chapitre 1, 1904.

61. Directory of Waldorf and Rudolf Steiner Schools, *Kindergartens and Teacher Training Centers worldwide*, Adressverzeichnis der Waldorfschulen, Waldorfkindergärten und Ausbildungsstätten weltweit, mars 2017.

62. Liebenwein, S., Barz, H., Randoll, D., « Bildungserfahrungen an Waldorfschulen Empirische Studie zu Schulqualität und Lernerfahrungen », *Springer* Vs, 2012.

63. Voir à ce sujet le blog de Grégoire Perra, ancien élève puis professeur des écoles Steiner d'Ile-de-France, qui développe un regard très critique sur l'endoctrinement que subiraient les élèves de ces écoles : **www.gregoireperra.wordpress.com/**

64. Bundesinstitut für Bildungsforschung, *Innovation & Entwicklung des österreichischen Schulwesens*, PISA 2006, « Österreichischer Expertenbericht zum Naturwissenschafts Schwerpunkt », Wien, 2006.

65. Barz, H., Randoll, D., « Absolventen von Waldorfschulen, Eine empirische Studie zu Bildung und Lebensgestaltung », *Springer Vs*, 2007.

66. Gessler, L., « Bildungserfolg im Spiegel von Bildungsbiographien. Begegnungen mit Schülerinnen und Schülern der Hiberniaschule », Springer Vs, 1988.

67. Liebenwein, S., Barz, H., Randoll, D., « Bildungserfahrungen an Waldorfschulen Empirische Studie zu Schulqualität und Lernerfahrungen », *Springer Vs*, 2012.

68. Steiner, R., *Conseils : réunions avec les professeurs de l'école Waldorf de Stuttgart*, tome 1, 1919/1921, Fédération des écoles Steiner-Waldorf en France, 2005, p. 253.

69. C'est moins vrai pour Freinet.

70. Elle-même s'était grandement inspirée des travaux de Jean Itard et d'Édouard Séguin.

71. Un enseignement qui est le même dans toutes les écoles Montessori que j'ai vues jusqu'alors, y compris en France, et principalement au primaire.

72. Collot, B., *Une école du 3ᵉ type ou La pédagogie de la mouche*, L'Harmattan, 2003.

73. Collot, B., *L'École de la simplexité*, The Book Edition, 2013.

74. Steiner, R., *Conseils : réunions avec les professeurs de l'école Waldorf de Stuttgart, op. cit.*

75. La Finlande est classée 4ᵉ en lecture et 5ᵉ en sciences par l'étude PISA (Programme international pour le suivi des acquis des élèves) menée en 2015 par l'OCDE (Organisation de coopération et de développement économiques), et visant à mesurer les performances des systèmes éducatifs des pays membres et non membres, tous les trois ans, auprès des jeunes de 15 ans. En 2003, elle était même 1ʳᵉ en lecture et sciences, et 2ᵉ en mathématiques et résolution de problème. Elle a depuis été détrônée par Singapour, Shangai, le Japon, Taïpei, le Canada et… l'Estonie, mais elle reste toujours très bien classée. La France, à titre de comparaison, est 26ᵉ en mathématiques et en sciences, et 19ᵉ en lecture.

76. Gilbert, D., *Stumbling on Happiness*, Knop, 2009 ; Verkuyten, M. & Thijs, J., « *School satisfaction of elementary school children: The role of performance, peer relations, ethnicity and gender* », *Social Indicators Research*, 2002, 59(2), 203-228 ; Gilman, R. & Huebner, E. S., « *Characteristics of adolescents who report very high life satisfaction* », *Journal of Youth and Adolescence*, 2006, 35(3), 311-319.

77. Ils sont inspirés tous deux par la philosophie de l'éducation exposée par Rousseau (1712-1778) dans *Émile ou De l'éducation* (1762).

78. Houssaye, J., « Lev Nicolaïevitch Tolstoï », *Le Nouvel Éducateur*, n° 163, novembre 2004.

79. Filloux, J.-C., *Tolstoï pédagogue*, Presses universitaires de France, 1996, p. 89.

80. *Ibid*, p. 83.

81. *Ibid.*

82. Egorov, S. F., dans *Perspectives*, revue trimestrielle d'éducation comparée, UNESCO : Bureau international d'éducation, vol. XXIV, n° 3/4, 1994 (91/92), pp. 677-690.

83. Tolstoï, L. N., *Œuvres pédagogiques*, Moscou, pp. 157-158.

84. Cette méthode est par essence non directive : les adultes ne doivent pas influencer les choix des enfants. Des tribunaux d'enfants sont instaurés pour faire respecter les règles décidées par la communauté.

85. Gray, P., Chanoff, D., « *Democratic Schooling: What Happens to Young People Who Have Charge of Their Own Education?* », *American Journal of Education*, 94, n°2, 1986, pp. 182-213.

86. Hannam, D. H., *A pilot study to evaluate the impact of the student participation aspects of the citizenship on standards of education in secondary schools*, Community Service Volunteers (CSV), Londres, 2001.

87. Servigne, P., Chappelle, G., *L'Entraide, l'autre loi de la jungle*, Éditions Les liens qui libèrent, 2017, p.93 ; Cesarini, D. *et al.*, « *Heritability of cooperative behavior in the trust game* », *Proceedings of the National Academy of sciences USA*, n°105 (10), 2008, pp. 3721-3726.

88. Kang, M.J., Hsu, M., Krajbich, I.M., Loewenstein, G., McClure, S.M., Wang, J.T.-Y., and Camerer, C.F., « *The wick in the candle of learning: epistemic curiosity activates reward circuitry and enhances memory* » *Psychol. Sci.*, 2009 (20), pp. 963-973 ; Gruber, M.J. *et al.*, « *States of Curiosity Modulate Hippocampus-Dependent Learning via the Dopaminergic Circuit* », *Neuron*, volume 84 , Issue 2, pp. 486-496.

89. À propos de Maria Montessori – dont il ne nie pas les apports. Freinet, C., « Notes sur l'adaptation de notre enseignement (suite) », *L'École émancipée*, n°29, 19 avril 1925.

Notes | Partie 2

1. « Parcours et réussite en licence et en PACES : les résultats de la session 2016 », note Flash n°18, MESRI- SIES, novembre 2017.

2. « Les bacheliers 2014, où en sont-ils à la rentrée 2015 ? », note d'information 17.09, MESRISIES, novembre 2017.

3. Ministère de l'Éducation nationale, de l'Enseignement supérieur et de la Recherche, « Tous mobilisés pour vaincre le décrochage scolaire », dossier de presse, novembre 2016.

4. Étude réalisée par l'institut Think® pour la Fabrique Spinoza, *L'Indicateur trimestriel du bonheur des français (ITBF)*, mars 2016.

5. Étude réalisée par l'institut Think® pour la Fabrique Spinoza, *Baromètre national du bonheur au travail*, septembre 2017.

6. Freinet, C., « Les Dits de Mathieu », dans le n°73 des *Brochures d'Éducation nouvelle populaire*, Éditions de l'École moderne française, juin 1952.

7. Deci, E. L., Ryan, R. M., *Intrinsic Motivation and Self-Determination in Human Behavior*, Kluwer Academic/Plenum Publishers, 1985. Vallerand, R. J., « Toward A Hierarchical Model of Intrinsic and Extrinsic Motivation », *Advances in Experimental Social Psychology*, 29, pp. 271-360.

8. Deci, E. L., Ryan, R. M., Williams, G. C., « *need satisfaction and the self-regulation of learning* », *Learning and Individual Differences*, volume 8, n°3, 1996, pp. 165-183.

9. J'en ai aussi eu la preuve lorsque j'intervenais dans des classes en France pour parler de mon voyage, et que je demandais aux élèves ce qu'ils apprendraient s'ils étaient libres de choisir. En CM2, ils étaient nombreux à souhaiter étudier la biologie, la robotique, la mécanique, les langues, la géométrie...

10. Suggate, S. P., Schaughency, E. A., Reese, E., « *Children learning to read later catch up to children reading earlier* » *Early Childhood Research Quarterly*, volume 28, issue 1, 2013, pp. 33-48.

11. Le campus du secondaire d'Ao Tawhiti Unlimited Discovery, établissement dont je vais amplement parler dans la suite de ce livre.

12. *National Certificate for Educational Achievement* (NCEA) : l'équivalent du baccalauréat français, qui donne accès aux études supérieures.

13. Krishnamurti, J., *Se libérer du connu*, Livre de Poche, 1995 ; Krishnamurti, J., *Education and The Significance of Life*, HarperOne, 2008 (première publication, 1955).

14. Notons que Tamariki a été fondée deux ans avant l'école Sudbury Valley. Pour autant, alors qu'elle était à l'autre bout de la planète, les idées qui ont motivé sa création étaient similaires à celles de Greenberg.

15. Le rôle des pédagogues de l'école n'étant pas d'enseigner ni de professer un savoir, mais de conseiller les élèves dans les apprentissages qu'ils construisent principalement en autonomie, l'école a préféré adopter l'appellation de « *learning advisor* » à celles de « professeur » ou d'« enseignant ». Les modalités d'organisation de l'école seront précisées au chapitre 5 : « Travailler en coenseignement ».

16. À Ao Tawhiti, la méthode d'accompagnement des projets a évolué avec le temps, les enseignants la modifiant selon leur expérience. Pour débuter, on peut recommander la méthode du docteur en sciences de l'éducation canadien Sylvia Chard : « *the Project Approach* ».

17. Montessori, M., *L'Enfant*, Desclée de Brouwer, 1936, p. 30.

18. *Ibid.*, p. 136.

19. Tricot A., *L'Innovation pédagogique*, Retz, 2017, pp. 104-105.

20. Freinet, C. « Notes sur l'adaptation de notre enseignement », *L'École émancipée*, n° 28, 5 avril 1925.

21. La zone proximale de développement est définie comme « la distance entre le niveau de développement actuel tel qu'on peut le déterminer à travers la façon dont l'enfant résout des problèmes seul et le niveau de développement potentiel tel qu'on peut le déterminer à travers la façon dont l'enfant résout des problèmes lorsqu'il est assisté par l'adulte ou collabore avec d'autres enfants plus avancés ». Vygotski, L., *Pensée et langage*, Éditions sociales/Messidor, 1985, p. 146.

22. Dans la mesure du possible, car parfois il n'y a pas assez de place dans la classe.

23. Committee on Physical Activity and Physical Education in the School Environment, Food and Nutrition Board, *Educating the Student Body: Taking Physical Activity and Physical Education to School*, The National Academics Press, Washington DC, 2013.

24. Même s'il est à mon sens dommage de limiter le matériel de ces espaces à un seul type de feuille (67x50 cm), à un seul type de pinceau (poils petit-gris) et à un seul type de peinture (gouache en 18 coloris).

25. Cela était fait à travers des discussions autour des médias et de leurs dangers et limites, et grâce à quelques jeux sur Internet. On trouve de nombreuses vidéos pour accompagner ce genre de discussion sur le site d'HabiloMédias, le Centre canadien d'éducation aux médias. Ce centre propose aussi un jeu vidéo, Passeport pour les médias, qui aborde la sécurité en ligne, la véracité des informations trouvées en ligne, la cyberpublicité, les relations virtuelles et la cyberintimidation.

26. Amadieu, F., Tricot, A., *Apprendre avec le numérique. Mythes et réalités*, Retz, 2014 , pp. 52-60.

27. *Ibid.*, p. 30.

28. Antibi, A., *Les Notes : la fin du cauchemar. En finir avec la constante macabre*, Match'Ador, 2003.

29. Dans « Les invariants pédagogiques », *Œuvres complètes*, tome 2, Le Seuil, 1954, p. 383, invariant 19.

30. Suchaut, B., *La Loterie des notes au bac : un réexamen de l'arbitraire de la notation des élèves*, document de travail de l'Institut de recherche sur l'éducation (IREDU), 2008-03.

31. Crocker, J., « *The Cost of Seeking Self-Esteem* », *Journal of Social Issues*, vol. 58, n° 3, 2002, pp. 597-615.

32. Harter, S., « pleasure derived from challenge and the effects of receiving grades on children's difficulty level choices », *Child Development*, vol. 49, n°3, septembre 1978, pp. 788-799.

33. Crocker, J., *op. cit.*

34. « Par constante macabre, j'entends le phénomène inconscient par lequel les enseignants s'obligent, pour être crédibles, à mettre un certain pourcentage de mauvaises notes. C'est une tradition absurde, mais très ancrée dans notre culture scolaire. » André Antibi, *La Lettre de l'éducation*, 13 octobre 2014.

35. Barbier, J.-M., *L'Évaluation en formation*, PUF, Paris, 1985.

36. Connac, S., *Apprendre avec les pédagogies coopératives. Démarches et outils pour l'école*, ESF éditeur, 2009, p. 110.

37. Dubet F., Duru-Bellat M., Vérétout A., *Les Sociétés et leur école. Emprise du diplôme et cohésion sociale*, Seuil, 2010.

38. N'est-il pas incroyable que même nos « grandes écoles », censées préparer « l'élite de la nation », sélectionnent leurs étudiants sur la foi de concours qui attestent principalement de la capacité des étudiants à apprendre par cœur et à répondre à des questions très scolaires ? N'est-il pas ubuesque que les futurs médecins soient présélectionnés à l'issue de la première année d'études par le biais de QCM, principalement ? N'est-il pas effroyable que dans les universités de droit, les étudiants soient évalués sur leur capacité à commenter un arrêt en suivant obligatoirement le modèle « deux parties deux sous-parties », et qu'ils ne résolvent presque jamais de cas même fictif ? N'est-il pas étonnant que le plus souvent, ce ne soit qu'une fois arrivés en mastère que les étudiants commencent à travailler sur des projets concrets ? Pourquoi la réussite académique, et donc professionnelle, ne devrait-elle être réservée qu'aux élèves qui maitrisent les savoir-faire scolaires ?

39. L'évaluation sommative survient au terme d'un processus d'enseignement et doit servir à certifier le degré de maitrise des apprentissages par les étudiants. L'évaluation formative quant à elle « est effectuée en cours d'activité et vise à faire état des progrès des étudiants et à leur permettre de comprendre la nature de leurs erreurs et des difficultés rencontrées. Elle peut être animée par l'enseignant, mais peut aussi se réaliser sous forme d'autoévaluation ou de rétroaction par les pairs. Aucun point, note ou pourcentage, n'y est associé ». Source : université de Laval : **https://www.enseigner.ulaval.ca/ressources-pedagogiques/l-evaluation- formative-et-sommative**

40. Les autres axes sont : « le développement des nouvelles technologies en classe ; une plus grande implication des jeunes dans la vie de l'école et la fin du cours magistral où le prof parle et les élèves l'écoutent docilement ».

41. Vasquez A., Oury F. *Vers une pédagogie institutionnelle ?*, Matrice, Vigneux, 1967, p. 76.

42. Connac S., *op. cit.*, p. 111. Explications similaires de Fernand Oury dans : Oury F., « Libres propos », 7 décembre 1983, Institut des jeunes sourds à Paris, rapportés dans Pain J., Meirieu P., Martin L., *La Pédagogie institutionnelle de Fernand Oury*, Éditions Matrice, 2009.

43. Étude du Centre national du livre (CNL) / Ipsos : « Les jeunes et la lecture », parue le 28 juin 2016.

44. Communiqué de presse pour la publication des résultats de l'étude.

45. Atwell, N., *The Reading Zone*, Scholastic, 2007, p. 27 : « I could [not] pick the book that would invite a whole class to make friends with reading. »

46. *Ibid.*, p. 12: « We know that students need time to read, at school and at home, every day. The only surefire way to introduce a love for books is to invite students to select their own. »

47. *Ibid.*, p. 30 :
« - Booktalks and mini-lessons (cited by 88 percent of respondents) ;
- A big, diverse classroom library with regular new additions (74 percent);
- Quiet, daily, in-class time to read (73 percent);
- Indiviuals' free choice of books, authors and genres (56 percent);
- Recommandations of books from friends and the teacher and a special bookshelf for kids' favorites (54 percent);
- Comfort during in-class reading time (53 percent);
- Students' letters to the teacher and friends about their reading (53 percent);
- Individuals' conversations with the teacher about their reading (31 percent);
- Individuals' lists of the books they want to read someday (30 percent);
- Homework reading of at least half an hour every night (30 percent). »

48. Une danse particulière, puisqu'il s'agit d'eurythmie, une forme de danse moderne, développée par Rudolf Steiner qui la décrit comme un langage codifié dansé, permettant de faire apparaitre une sorte de langage universel du mouvement juste et harmonieux.

49. Voir par exemple ce qu'en dit Nicolas Sadirac, directeur de l'école 42 : (**https://www.franceculture.fr/emissions/soft-power/travail-et-numerique-la-plupart-des-metiers-de-demain-nexistent-pas-encore**)

50. Johann Heinrich Pestalozzi (1746–1827), pédagogue suisse, père de l'École nouvelle, très inspiré par Rousseau.

51. Steiner, R., : Allgemeine Menschenkunde als Grundlage der Pädagogik: Menschenkunde und Erziehungskunst. Ein pädagogischer Grundkurs, Stuttgart 1919 (Rudolf Steiner

Taschenbücher aus dem Gesamtwerk) Taschenbuch, 2015 ; Die Erziehung des Kindes vom Gesichtspunkte der Geisteswissenschaft / Die Methodik des Lehrens und die Lebensbedingungen des Erziehens: 1 Aufsatz 1907 (Steiner Taschenbücher aus dem Gesamtwerk).

52. En France, en 2017, « 3,1 millions (d'actifs) sont des artisans (42 % dans le bâtiment, 30 % dans les services, 5 % dans la production et 13 % dans l'alimentation). (...) 180 000 apprentis apprennent actuellement un métier sur le terrain auprès de leur maitre d'apprentissage », selon *Le Parisien.* En 2009, 365 000 personnes exerçaient un métier artistique en France, selon l'Insee, soit 1,6 % de la population. Sources : **https://atelier.leparisien.fr/artisanat-france-passion-metiers/** et **https://www.insee.fr/fr/statistiques/1288290?sommaire=1288298**

53. François, C., Grau-Sánchez, J., Duarte, E., Rodriguez-Fornells, A., « *Musical training as an alternative and effective method for neuro-education and neuro-rehabilitation* », *Frontiers in Psychology*, published online 2015 Apr 28 ; Miendlarzewska, E. A., Trost W. J., « How musical training affects cognitive development: rhythm, reward and other modulating variables », *Frontiers in Neurosciences*, published online 2014 Jan 20.

54. « *First Evidence That Musical Training Affects Brain Development In Young Children* », *ScienceDaily*, 2006.

55. Gardiner, M. F., Fox, A., Knowles, F. & Jeffrey, X., « *Learning improved by arts training* », *Nature*, 381, 1996. 143 Car en Finlande, il y a des cours de religion, comme je le détaillerai plus loin dans ce chapitre.

56. Écriture, lecture, mathématiques.

57. OCDE, *Regards sur l'éducation : Les indicateurs de l'OCDE*, 2011.

58. L'équivalent de notre CM2.

59. Certains aidaient à préparer le matériel pour les ateliers ou s'asseyaient à côté d'enfants afin que ceux-ci leur lisent un livre à haute voix ; d'autres montraient à des élèves comment envoyer des mails ou mettre en page des documents. D'autres encore aidaient les élèves à améliorer l'orthographe de leurs travaux, ou s'assuraient que tel élève à l'attention fluctuante s'attelait bien à son travail, en l'encourageant et en redirigeant son attention vers la tâche à accomplir...

60. Commission européenne, P*remière enquête européenne sur les compétences linguistiques*, 2012.

61. « ne se comprennent pas », en québécois.

62. Grammot, M., *Observation sur le langage des enfants,* C. Klincksieck, 1902 ; George, S., *Bilingual Children: From Birth to Teens*, Clevedon Avon, 1988.

63. Voir les études présentées in Stéphanie Roussel et Daniel Gaonac'h, *L'Apprentissage des langues, mythes et réalités*. Retz, 2017, p. 15.

64. *Ibid.*, pp. 10-18.

65. *Ibid.*, pp. 104-105.

66. Jäppinen, A-K., « Thinking and content learning of mathematics and science as cognitional development in content and language integrated learning (CLIL) : Teaching through a foreign language in Finland », *Language and Education*, 2005 (19), 148-169.

67. Roussel, S., Gaonac'h, D, *op. cit.*, pp. 35-47.

68. Bruner J. S., *Comment les enfants apprennent à parler*, Retz, 1987.

69. LeDeun, E. & Pelletier, L., *Construire l'orthographe : nouvelles pratiques et nouveaux outils : cycles 2 et 3*, Magnard, 2004.

70. Cogis, D., *Pour enseigner et apprendre l'orthographe*, Delagrave, 2005. Talib, T., Cheung, Y. L., « *Collaborative Writing in Classroom Instruction: A Synthesis of Recent Research* », *The English Teacher*, 46 (2), 2017, pp.43- 57. Mohamed, A.R., Nair, S., Kaur, T., Fletcher, L.A., « Using Cooperative Learning Approach to Enhance Writing Skills of Pre-University Students », *Educationist*, vol. II, n°1, 2008.

71. Bécherot, L., Meunier, P., *La Collaboration entre pairs pour progresser individuellement en orthographe, le cas de l'accord en nombre dans le groupe nominal*, mémoire de recherche, IUFM de Grenoble, 2012.

72. Jaffré, J.-P., *Enseigner à l'école primaire – Comment enseigner l'orthographe aujourd'hui ?* Hatier, 2011.

73. Voir le chapitre 6 « En finir avec les notes », pour plus de détails à propos des « ceintures » de Fernand Oury.

74. Cailler, J, *Tutorat à l'école*, Actes de l'université d'automne du SNUIPP, 2007, p. 64.

75. Connac S., *op. cit.*, p. 55.

76. **http://www.lemonde.fr/vous/article/2007/02/13/les-classes-a-double-niveau-font-debat_866813_3238.html**. Collot, B., *Chroniques d'une école du 3e type*, tome 1, pp. 125-144, Éditions l'Instant présent, 2013.

77. Céline Alvarez, très inspirée par Maria Montessori, écrit que : « Le mélange des âges ne devrait même pas être une option pédagogique : hors cadre scolaire, nous ne voyons jamais des dizaines d'enfants de 3 ans se tenir par la main pour apprendre gaiement les uns des autres. Non, ils recherchent au contraire la présence d'êtres humains d'âges différents, plus jeunes et plus âgés qu'eux. Imposer aux enfants une vie collective avec des camarades nés la même année qu'eux représente une diète sociale, cognitive et affective sévère. », *in Les Lois naturelles de l'enfant*, Les Arènes, 2016, p. 93.

78. *bid.*, p. 140

79. En France, Françoise Œuvrard, sociologue à la Direction de l'évaluation et de la prospective du ministère de l'Éducation nationale, missionnée en 1990 pour enquêter sur les

classes uniques, a conclu que les enfants issus de ce type de classe avaient de meilleurs résultats que la moyenne nationale ! Des résultats qui furent confirmés ensuite par Alain Mingat et Cédric Ogier, de l'Institut de recherche sur l'éducation de l'Université de Bourgogne, et repris par un rapport de l'Inspection générale en 1993, le rapport Ferrier.

80. Tricot, A., *L'Innovation pédagogique, op. cit.*

81. Bordalo, I., Ginester, J.-P., *Pour une pédagogie du projet*, Hachette, 2006, p. 6.

82. Tricot, A., *op. cit.*, p. 70.

83. Huber, M., *Apprendre en projets : la pédagogie du projet-élèves*, Chronique sociale, coll. « Pédagogie Formation », 1999.

84. William Heard Kilpatrick (1871-1965) : pédagogue américain, collègue de John Dewey, est célèbre pour son essai : « *The Project Method: The Use of the Purposeful Act in the Educative Process* ». Selon lui, il est essentiel que le projet émane de l'élève et que celui-ci le mène en toute autonomie (Dewey le contredira sur cette seconde idée).

85. John Dewey (1859-1952), psychologue, philosophe et pédagogue américain, aura une influence considérable sur les pédagogues de l'Éducation nouvelle et sur le développement des « pédagogies actives » qui promeuvent un enseignement permettant de rendre l'élève acteur de ses apprentissages, afin qu'il construise ses savoirs à travers des situations de recherche authentiques.

86. Center of Excellence in Leadership of Learning (2009, June), *Summary of research on project-based learning*. Consulté à **http://cell.uindy.edu/docs/PBL%20research%20summary.pdf**

87. Thomas, J.W., *Project-based learning: Overview*, Buck Institute for Education, 1998.

88. Penuel, W. R. & Means, B., *Designing a performance assessment to measure student's communication skills in multi-media-supported, project-based learning*, paper presented at the Annual Meeting of the American Educational Research Association, 2000.

89. Filippatou, D. & Kaldi, S. (2010, August), « *The effectiveness of project-based learning on pupils with learning difficulties regarding academic performance, group work and motivation* », *International Journal of Special Education*, 2010 (25), 17–26.

90. *Ibid.*, pp. 76-81.

91. Arpin, L., Capra, L., *L'Apprentissage par projets, fondements, démarches et médiation pédagogique du maitre dans la construction des savoirs de l'élève*, Chenelière/McGraw-Hill, 2001.

92. OCDE, PISA 2012, *Results: Ready to Learn Students' Engagement, Drive and Self-Beliefs*, volume III, 2015, p. 31.

93. En 2011, Luc Chatel, ministre de l'Éducation nationale, reçoit d'Éric Debardieux le rapport qu'il lui avait commandité, intitulé « Refuser l'oppression quotidienne : prévention

du harcèlement à l'école ». Une étape importante dans la lutte contre le harcèlement scolaire est franchie quand le tribunal administratif de Rouen reconnait la responsabilité de l'État dans une affaire qui avait mené au suicide un collégien harcelé, « aucune prise en charge de l'élève n'ayant été effectuée alors que pourtant plusieurs professeurs avaient connaissance des faits en cause ».

94. Guilloux, R, *Situations de harcèlement entre élèves*, Retz, 2018.

95. Roselyne Guilloux écrit : « Même absents, (les bourreaux) envahissent sa vie et son psychisme, le mettant en état de stress permanent avec les répercussions physiologiques et psychologiques inhérentes pouvant aller jusqu'à la dépression et au suicide. », *op. cit.*, p. 72.

96. Une constellation dont fait aussi état Roselyne Guilloux, *op. cit.*, pp. 78-92.

97. Unesco, *Violence et harcèlement à l'école. Rapport sur la situation dans le monde*, 2017, p. 12.

98. Voir notamment la méta-analyse : Beetz, A., Uvnäs-Moberg, K., Julius, H., Kotrschal, K., « *Psychosocial and Psychophysiological Effects of Human-Animal Interactions: The Possible Role of Oxytocin* », *Frontiers in Psychology*, 2012; 3: 234. Publiée en ligne le 9 juillet 2012.

99. Friesen, L., Delisle, E., « *Animal-assisted literacy : A supportive environment for constrained and unconstrained learning* », *Childhood Education*, 2012. Fine, A.H., *Handbook on Animal -assisted therapy, theoretical foundations and guidelines for practice*, Academic Press, 2010.

100. Unité localisée pour l'inclusion scolaire : une classe ayant pour vocation d'accueillir des enfants en situation de handicap. Ici, il s'agit d'élèves présentant des troubles importants des fonctions cognitives.

101. L'Anglais William Tuke (1732-1822), scandalisé par les mauvais traitements infligés aux malades mentaux, enchainés et battus, décide d'ouvrir en 1796 le York Retreat Institute. Là, parmi d'autres mesures censées améliorer la vie des internés, il confie des lapins et des volatiles aux patients pour qu'ils s'en occupent. Très rapidement, il constate que l'état de santé des malades s'améliore considérablement, ceux-ci se sentant responsables de l'être vivant qui leur est confié et parvenant à se concentrer.

102. Beiger, F., *L'Enfant et la médiation animale : une nouvelle approche par la zoothérapie*, Dunod, 2016.

103. Cheryl, C. & Louv, R., *Children's Nature Deficit: What We Know – and Don't Know*, September 2009.

104. Louv, R., *Last Child in the woods: Saving our children from nature-deficit disorder*, 2005.

105. Health Council of the Netherlands, *The influence of nature on social, physical and psychological wellbeing.* Part 1: review of current knowledge. Report to the Minister of Agriculture, Nature and Food, 2004.

106. Taleb, M., « Rabindranath Tagore », *Aux origines de la décroissance*, L'échappée, Paris, 2017, p. 285.

107. Ratey, J.J. & Hagerman, E., Spark: *The Revolutionary New Science of Exercise and the Brain*, Little, Brown, 2008. Castrechin, E.S. & London, R.A., « *A Longitudinal Examination of the Link Between Youth Physical Fitness and Academic Achievement* », *Journal of School Health*, 2011, 81(7), 400-8. Davis, C.L., Tomporowski, P.D., McDowell, J.E., Austin, B.P., Miller, P.H., Yanasak, N.E., Allison, J.D., « *Exercise Improves Executive Function and Achievement and Alters Brain Activation in Overweight Children: A Randomized Controlled Trial* ». *Health Psychology*, 2011, 30(1), 91-98.

108. La recherche en chronobiologie ne permet pas vraiment de dire quel est LE bon moment pour faire faire du sport de manière intense aux élèves. Il est clair qu'avant 9h et de 13h à 15h les enfants ne sont pas en mesure de s'engager dans des activités sportives intenses. Il apparait aussi que le temps des « performances sportives » est situé entre 17h et 19h. En revanche, durant le reste de la journée, il semblerait qu'une pratique sportive soit pertinente aussi bien en milieu de matinée qu'en milieu d'après-midi et en début de soirée. Ce sont aussi ces périodes qui sont les plus propices aux apprentissages intellectuels. Montagner, H., Testu, F., « Rythmicités biologiques, comportementales et intellectuelles de l'élève au cours de la journée scolaire », *Pathologie Biologie*, 1996, 44 : 1-15. Testu, F., « Quelques constantes dans les fluctuations journalières et hebdomadaires de l'activité intellectuelle des élèves en Europe », *Enfance*, 1994b, 4 : 389-400. Testu, F., *Chronopsychologie et rythmes scolaires*, Masson, 2000.

109. On trouve des informations sur cette méthode sur le site de l'association Feldenkrais France : **http://www.feldenkrais-france.org/**

110. En vidéo, un exemple de ce qui se fait à l'école Gowanda aux États-Unis : **https://www.youtube.com/watch?v=tZ0cZIYJkkk**

111. Freinet, C., « Les Invariants pédagogiques », *Bibliothèque de l'école moderne* n°25, Éditions de l'École Moderne Française, 1964.

112. Monod, O., « Enseignant : peut-on être muté partout en France ? », *L'Étudiant.fr*, mai 2013. **http://www.letudiant.fr/metiers/metiers-portraits-de-pros/prof-en-12-questions-reponses-a-quoi-vous-attendre-vraiment/enseignant-peut-on-etre-mute-partout-en-france.html**

113. Connac, S., *Apprendre avec les pédagogies coopératives. Démarches et outils pour l'école*, ESF Éditeur, Paris, 2009.

114. Le programme du candidat Macron affirmait : « Je veux remettre la transmission des savoirs fondamentaux, de notre culture et de nos valeurs au coeur du projet de notre école et de nos universités. »

115. Voir la tribune de Najat Vallaud-Bel, ministre de l'Éducation nationale, de l'enseignement supérieur et de la recherche), *Le Monde*, 19 septembre 2015.

116. *Macron, E., Révolution*, Pocket, mai 2017 ; Le Guellec, G., « École : tout ce que Jean-Michel Blanquer a prévu de changer », *L'Obs*, juillet 2017. **https://www.nouvelobs.com/education/20170705.OBS1716/ecole-tout-ceque-jean-michel-blanquer-a-**

prevu-de-changer.html ; Peiron, D., « Lycée et Bac : une petite révolution se prépare », *La Croix*, janvier 2018 **https://www.la-croix.com/Famille/Education/Lycee-bac-petite-revolutionprepare-2018-01-24-1200908533**

117. Par exemple à l'école primaire des Amanins, sous la direction de Sophia Rahbi, fille de Pierre Rahbi, agriculteur et essayiste, figure de l'agroécologie et fondateur du mouvement *Colibris*.

Direction éditoriale : Sylvie Cuchin
Édition : Joëlle Gardette
Création et réalisation maquette : Christian Rudnicki
Illustration de couverture : Marc Majewski
Préparation de copie et corrections : Florence Richard, Gérard Tassi
Photos : Émile Le Menn (sauf Istock en pp. 29, 34, 35 et 137)

N° de projet : 10242155 – **Dépôt légal :** juillet 2018
Achevé d'imprimé en France par Sepec, en juillet 2018 - 06801180701.

FSC www.fsc.org MIXTE Papier issu de sources responsables FSC® C022030